湛庐CHEERS

与最聪明的人共同进化

HERE COMES EVERYBODY

CHEERS
湛庐

科幻中的战略思维

SF THINKING

路江涌 著

中国财经出版传媒集团
中国财政经济出版社
北京

测一测

你对科幻中的战略思维了解多少？

扫码加入书架

领取阅读激励

- 与企业在发展中面临的挑战相同，几乎所有的科幻主题的作品都与（　）和（　）有关。

  A. 确定性，连续性

  B. 不确定性，连续性

  C. 确定性，不连续性

  D. 不确定性，不连续性

扫码获取全部测试题及答案，

领悟科幻中的战略要义。

- 华为为了克服“大企业病”采取了 CEO 轮值制度，这与哪部经典科幻小说的情节存在相似性？（　）

  A.《超新星纪元》：培养人才梯队

  B.《星际穿越》：穿越虫洞

  C.《纤维》：穿越平行空间

  D.《镜子》：模拟宇宙大爆炸

- 小米公司早期完全采用互联网销售、推崇极致性价比等方式与传统手机厂商竞争，这体现了《三体》中的哪个概念？（　）

  A. 黑暗森林法则

  B. 降维打击

  C. 技术爆炸

  D. 猜疑链

扫描左侧二维码查看本书更多测试题

科幻与管理

科幻与创新

2023年春节期间，电影《流浪地球2》和电视剧《三体》在中国掀起了一次科幻热潮。实际上，中国科幻的第一次热潮发生在晚清时期，仁人志士为救亡图存，动笔写下了自己幻想中的美好世界。在这些被称作科学小说的作品中，就有鲁迅先生翻译的法国作家凡尔纳的名著《月界旅行》和《地底旅行》。鲁迅先生说，“科幻之意义，既是改良思想，补助文明”，又是“导中国人群以行进”。他希望用科幻小说开启民智，推动国家的进步。

全球知名科学期刊《自然》杂志在1999年创刊130周年之际，开设了“未来”专栏，用以专门发表短篇科幻小说。《自然》杂志资深编辑亨利·吉在“未来”专栏创刊前言中写道：“我们用这种氛围鼓励作者进行新的尝试，纯粹为了好玩。”亨利·吉在这篇前言中，多次用到“好玩”“有趣”“充满乐趣”“超脱的娱乐精神”等词。《自然》杂志时任主编菲利普·坎贝尔在接受采访时说：“科幻作品非常有意思，也能给人们带来灵感，而科学家应跟着创造力和想象力走。”

与《自然》杂志主张的“好玩”不同，包括晚清的第一次科幻热潮，以及20世纪50年代和80年代的两次科幻热潮在内，科幻在中国社会掀起的几次热潮都承担了唤醒民众对科学的热情等特定历史使命。然而，效果并不十分理想。刘慈欣在《三体》中有这样一段描述：1922年，物理学家叶哲泰年轻时陪同爱因斯坦在南京路上散步，遇到一个砸石子的小工。爱因斯坦问小工一天挣多少钱，得到的答案是“5分钱”。爱因斯坦驻足良久，默默无言。叶哲泰感叹说：“在中国，任何超脱飞扬的思想都会砰然坠地的，现实的引力太沉重了。”

2023年初，ChatGPT火爆全球，科技公司和技术“大佬”纷纷表示要全力发展人工智能。当然，也有企业家对大家蜂拥而上的热情表示担忧，称“实用主义是创新的最大障碍”。埃隆·马斯克曾是ChatGPT出品方OpenAI公司的联合创始人，但在2018年选择了离开OpenAI公司。马斯克对ChatGPT的担心主要在于，封闭的和盈利导向的人工智能可能给人类带来很大的威胁。

无论是爱因斯坦遇到的小工，还是马斯克眼中的ChatGPT，都是理想主义和现实主义的矛盾点。对于《自然》杂志的编辑和读者而言，科学论文是现实主义，科幻小说是理想主义。对于热衷于ChatGPT的企业家而言，GPT技术的发展是理想主义，而ChatGPT的应用是现实主义。对于遇到小工的爱因斯坦来说，科学探索是理想主义，而小工每天挣的5分钱是现实主义。

生活在当代中国的我们，正经历着理想主义与现实主义矛盾的洗礼。原因在于，整个社会正在经历三重转变：外驱向内驱的转变；创业向创新的转变；吃喝向玩乐的转变。从个人层面看，“90 后”已成为劳动力的重要组成部分，“00 后”也已开始登上社会的舞台。这些年轻人和未来的新生代必定表现出一个明显特点：内部驱动力取代外部驱动力成为他们行为的主要动力。从企业层面看，大众创业的热潮必将转换为万众创新的景象。社会发展的主要推动力不再是低水平重复的创业行为，而是多样性不断涌现的创新努力。从社会层面看，随着脱贫攻坚取得伟大胜利，社会主要矛盾已从人民日益增长的物质文化需要同落后的社会生产之间的矛盾，转化为人民日益增长的美好生活需要和不平衡不充分的发展之间的矛盾。

随着“内驱”“创新”“玩乐”成为社会发展的重要驱动力，我们将逐渐面对这样一系列选择题：是科学重要还是梦想重要？是现实主义重要还是理想主义重要？是有用重要还是好玩重要？最后的答案可能是“都重要”。但是，如果没有梦想，会不会有科学？如果没有理想，会有什么样的现实？如果不好玩，有用到底还有没有用？这些问题，可能是未来人类需要回答的问题，也可能是人工智能无法替人类给出答案的问题。

科幻与战略

科幻与战略的关系，其实很简单。**战略是面向未来的，科幻也是面向未来的。对于企业而言，战略就是梦想，由企业的使命愿景牵引；对于人类而言，科幻就是梦想，由人类的好奇心牵引。**战略不是空想，而要立足企业实际情况，基于企业所在环境，符合企业组织能力；科幻也不是奇幻，也要立足科学理论研究，基于可能技术路径，符合人类思维逻辑。

有这样一种说法：战略是科学，战略是艺术，战略是手艺。说战略是科学，是指战略有经济学、社会学、心理学等学科基础，有自己的理论和方法体系。说战略是艺术，强调的是战略中有“你看得见，别人看不见；你感受得到，别人感受不到”的东西，具有独特性和不可复制性。说战略是手艺，指的是战略能力需要在情境、实战、经验中积累和打磨，需要在理性中寻找直觉，在平凡中寻求突破，在渐悟中达到顿悟。

类似地，也可以说：科幻是科学，科幻是艺术，科幻是手艺。说科幻是科学，不是说科幻中的所有设定都有科学根据，而是说科幻的核心框架要有科学基础。科幻不是玄幻和魔幻，“科”是核心，“幻”是外延。说科幻是艺术，是说科幻的核心要素之一也是所有艺术必备的要素，即想象力。在所有文学艺术形式中，科幻是比较有想象力的，而且这种想象力不是纯粹的天马行空，而是有趣的思想实验。说科幻是手艺，突出的也是科幻人性的一面。文学来自生活，又高于生活。科幻来自科学和现实，又超越科学和现实。

如果说科幻小说有哪些不能缺少的要素和维度，那一定是空间和时间。所有科幻小说都是在这两个维度上展开的，要么是在空间维度上展开想象的翅膀，要么是在时间维度上跨越生命的极限。**战略也是在空间和时间的维度上复盘企业的过去、审视企业的现在、规划企业的未来。**

在科幻小说中，主人公往往会走出地球这个人类文明的摇篮，在无尽的宇宙中探索新的疆域，这个过程充满了不确定性和不连续性。为了人类文明的延续，科幻小说中主人公的目标往往是找到新的适合人类生存的星球，而不惜跨越以光年为单位的空间，按亿万年计的时间，克服宇宙天体撞击、外星文明攻击等不确定性因素，应对黑洞引力、虫洞通道等不连续性状况。

人类如果不走出地球这个摇篮，最终一定会走向灭亡。人类只有走向太空，才能拥有无尽的未来。企业的命运与人类的命运类似，如果企业不能走出自己的舒适区，最终一定会走向灭亡。只有走出舒适区，走向全球化，才能拥有光明的未来。

战略，既要仰望星空，也要脚踏实地。过去，很多中国企业的发展走的是从国外复制创意进入国内（Copy to China）的路线，这就好比穿越小说中的主人公拿着别人发展出来的现代科技到古代去“打怪升级”，可能很爽，但只是一时爽。**未来，中国企业的发展道路应该是创新的、进入无人区的和科幻的。**作为普通读者，管理者可以读穿越小说；作为企业家，管理者一定要读科幻。

本书分为三个部分：复杂宇宙、时空宇宙和生死宇宙。

“复杂宇宙”聚焦科幻小说中的不确定性和不连续性，分析主人公们是如何在不确定性中寻找确定性，在不连续性中创造连续性的，得出企业发展要像在宇宙中探索的人类那样，做到“方向大致正确，组织充满活力”。

“时空宇宙”关注科幻和战略在时间和空间维度的延伸和展开，揭示科幻故事与战略规划在“见终局、揽全局、知时局、应变局”方面的共性，讨论使命、愿景、价值观对于科幻中的人类前途与现实中的企业战略的重要性。

“生死宇宙”讨论科幻小说精彩情节背后的竞争战略，分析博弈论、柔道战略等在人类与外星文明竞争中的应用，从生命周期角度剖析宇宙演化对企业发展的启示，揭示企业如何才能从熵增到熵减，成就基业长青的事业。

在这本书中，你将领悟到科幻与战略的关联性，体会到《三体》等科幻小说中的战略思维，感受到在不确定性中寻找确定性、在不连续性中创造连续性的战略要义，在科幻的启发下给企业战略插上想象力的翅膀，同时，让企业在发展的道路上如跑者一样步伐坚定。

在本书付梓之际，“出海”成了中国企业发展的一个关键词。从“走出去”到“走进去”，从“走下去”到“走上去”，中国企业面临前所未有的机遇和挑战，必须从资源驱动向创新驱动转型，从“穿越”向“科幻”转变。本书的研究和写作，得到了国家自然科学基金重大项目“创新驱动创业的重大理论与实践问题研究”（基金号：72091310）课题五“创新驱动的企业国际创业理论与战略研究”（基金号：72091314）和面上项目（基金号：72072003）的支持。

目录

第一部分

复杂宇宙

人像人，企业像企业

电影《流浪地球 2》中，联合政府中国代表周喆直用两幅图阐述了中国对“流浪地球计划”的态度。第一张图是“暗淡蓝点”，来自旅行者 1 号 1990 年在距离地球 64 亿千米的地方拍摄的地球影像。当时，美国国家航空航天局指示旅行者 1 号向后看以拍摄它所探访过的行星，其中一张照片刚好把地球摄于镜内。在这张照片中，地球只是一个渺小的“暗淡蓝点”，仅相当于整张照片的 0.12 像素那么大。美国前副总统艾伯特 · 戈尔在 2006 年参演的纪录片《难以忽视的真相》中，把这张照片置于片末。戈尔以这张照片强调阻止全球变暖的迫切性，并称：“这已是我们有的一切。”

周喆直用的第二张图“人类股骨”，来自美国人类学家玛格丽特 · 米德的科学发现。周喆直在

《流浪地球 2》的演讲中称："在 15 000 年前，一根断裂的'人类股骨'奇迹般愈合，这是人类文明诞生的标志。这个过程意味着，当时的人类已经有同伴协作，懂得了互相保护，才能让那根股骨得以延续。而股骨愈合又是生命延续的象征，这足够令人动容。"

对于即将离开太阳系家园去流浪的人类而言，未来充满着不确定性和不连续性。此时，人们所期望的是一个确定的和连续的未来。"暗淡蓝点"代表着人类文明的确定性，地球是人类生存的唯一家园。在茫茫宇宙中，对于漂泊中的人类而言，只有这个"暗淡蓝点"上的一切是相对确定的。"人类股骨"代表着人类文明的连续性，文明的延续离不开合作。在漫漫征途上，对于流浪中的地球而言，只有全人类通力合作，才能延续人类文明。

跳出《流浪地球 2》的设定，几乎所有科幻作品的主题都与不确定性和不连续性有关。从空间的不确定性和不连续性到时间的不确定性和不连续性，从《星际穿越》中的虫洞到《源代码》中的平行宇宙，从《盗梦空间》中的思想植入到《黑客帝国》中的机器智能……不确定性和不连续性为科幻作者带来无限的创作空间，也让科幻读者体会到丰富的想象力。

与所有文学作品一样，科幻只是现实的折射，不过是在空间与时间维度放大了不确定性和不连续性，帮助读者更深刻地体会现实中确定性和连续性的珍贵。人的生命是短暂的，在这短暂的生命中却充满着不确定性和不连续性。企业的寿命更是短暂的，管理者在企业经营过程中苦苦追寻的，正是发展方向的确定性和发展路径的连续性。我是谁？我从哪里来？我向哪里去？这些基本的人生哲理和经营理念，在科幻作品中被一次次地追问。

面对不确定性和不连续性，三体文明和人类文明有着截然不同的态度。在数百次轮回中重生的三体文明，非常珍视来之不易的确定性和连续性。三体文明在收到来自地球方向的电波之后，立即开始星际远航，即使此时并不知道发出电波的地方距离自己有多远。三体文明在获知罗辑向宇宙发出 187J3X1 恒星位置坐标那一刻起，就意识到罗辑理解了“黑暗森林法则”，于是，立刻使用基因导弹试图消灭罗辑，并向太阳系派出了 10 个“水滴”，以便更早消灭人类的有生力量。三体文明的历史，就是一部“在不确定性中寻找确定性，在不连续性中创造连续性”的历史。

反观人类文明史，又何尝不是一部“在不确定性中寻找确定性，在不连续性中创造连续性”的历史呢？从狩猎采集社会到农耕社会，从部落氏族到统一国家，从原始蒙昧到现代文明，从刀耕火种到科技昌明，无一不是人类应对不确定性和不连续性的成果，却又无一不是新的不确定性和不连续性的源泉。在《三体》中，面对前所未有的不确定性和不连续性，人类在“给岁月以文明”和“给文明以岁月”之间不断摇摆，在生存和生活之间艰难选择。

阅读科幻小说，欣赏科幻电影，我们获得的不仅仅是文字的盛宴和视觉的冲击，更是思想的启迪。与其他类型文学作品相比，科幻作品能够为人们带来更大的想象空间。想象力的一个重要来源是科幻作品中的“脑洞”，而“脑洞”实际上就是不确定性和不连续性的情节设定。

对于管理者而言，科幻作品中的不确定性和不连续性映射着现实中复杂的营商环境。现实世界虽然不及科幻世界那么波诡云谲，却也是风云变幻，不确定性和不连续性时刻影响着企业的生存和发展。在时代大潮中，你即便是经营奇才，也只能做到“方向大致正确”，在不确定性中找到些许确定性；你纵然是能力超群，也必须依靠团队，做到“组织充满活力”，在不连续性中创造一点连续性。

在《三体》中，罗辑从冬眠中苏醒后，遇到一位经济学家。经济学家说：“其实你们现在不用考虑那么多的事，只想着怎么把今后的日子过好就行，那句革命中的名言，其实是套用帕斯卡的一句话：给时光以生命，而不是给生命以时光。”经济学家的意思是，人要活得像个人。对于企业家而言，企业也要活得像个企业：**给企业发展方向以确定性，给企业发展路径以连续性。**

01 神秘莫测：科幻中的不确定性和不连续性

小说：写实、穿越、玄幻与科幻

读一些科幻

在2015年和2016年，刘慈欣的《三体》[①]和郝景芳的《北京折叠》[②]先后获得世界科幻文学最高奖项——雨果奖，许多媒体欢呼“华语科幻小说的春天即将到来”。对此，刘慈欣的回应非常平静：“中国科幻还有很长的路要走，不可能通过一个奖项来全面提升一个国家的科幻文学的水平。”

郝景芳获奖后，对中国的科幻文学也有冷静的思考，她说：“我觉得‘科幻热’在很大程度上就是‘《三体》热’。目前为止，也没有其他作品像《三体》那样得到广泛的传播，所以这种‘科幻热’能不能持续也是说不好的事情。另外一点，这其实也是一种资本热，现在资本太多了，值得

① 刘慈欣 . 三体 [M]. 重庆：重庆出版社，2008.
② 郝景芳 . 北京折叠 [M] // 孤独深处 . 杭州：浙江文艺出版社，2021.

投的项目也比较少，所以才会翻来覆去地炒 IP[①]。所以这也不能说是科幻本身的热，只不过是市场使然。”

的确，一个事物整体水平的提高往往需要较为广泛的基础。从当当 2021 年度图书畅销榜看，进入前 20 名的科幻小说只有刘慈欣的《三体》，而阿西莫夫的《银河帝国》排在第 67 位，成为前 100 名中的另一部科幻小说。

与科幻小说在中国面临的“寂静的春天”不同，玄幻和穿越两类小说近些年发展得热火朝天。据《2020 中国网络文学蓝皮书》统计，中国网络文学共向海外输出网文作品一万余部，其中穿越类和玄幻类小说成为主力军。

穿越小说主要是描写一个人或一群人在一瞬间从现代穿越到古代某个时间和地点，或者是从古代穿越到现代某个时间和地点，也可以是从古代或现代穿越到未来某个时间和地点。与科幻小说不同，穿越小说跨越时空的过程通常不强调其科学机制，而是通过摸电门、撞墙、得病、重伤等事件实现穿越。穿越之后，主人公往往携带着现代社会的先进知识或巨额财富，随心所欲地改变历史进程。

玄幻小说不仅与科幻小说不同，而且与以《西游记》等为代表的奇幻小说，以及以《指环王》为代表的魔幻小说之间也有明显的区别。玄幻小说基本上是综合了西式奇幻、中国武侠、日本动漫的大杂烩，特点是强调一个“玄”字。玄幻小说的作者也比科幻小说的作者更自由，不受科学依据的束缚，有更多空间可以发挥幻想。写未来科技，却不需要用科学理

① Intellectual Property，即知识产权。

论验证；写魔法，又不考证西方巫术学体系；写武术，却比传统武侠更神奇强大，经常超越人类生理极限……不论是虚拟世界架构还是人物经历，都是天马行空，玄之又玄。

与其他类型小说相比，科幻小说更注重用科学理论解释虚构事物的合理性。在各类科幻小说中，以描写新技术、新发明给人类社会带来影响的科幻作品被称为“硬科幻”，而以哲学、心理学、政治学或社会学等人文学科为主的科幻文学被称为“软科幻”。无论软硬，都要求具备“逻辑自洽”“科学元素”“人文思考”三要素，作者必须基于自然科学或社会科学的理论进行构思，使作品中的虚构世界有可能存在。

科幻大师海因莱因曾提出一个区分科幻小说和奇幻/玄幻小说的方法，他认为：科幻小说的作者要能够解释，这件事是怎么发生的，你应该怎么做，而奇幻/玄幻小说的作者不需要解释。我们也可以从不确定性和不连续性两个维度来分析写实小说、穿越小说、玄幻小说和科幻小说这四种文学类型的异同（见图 1-1）。

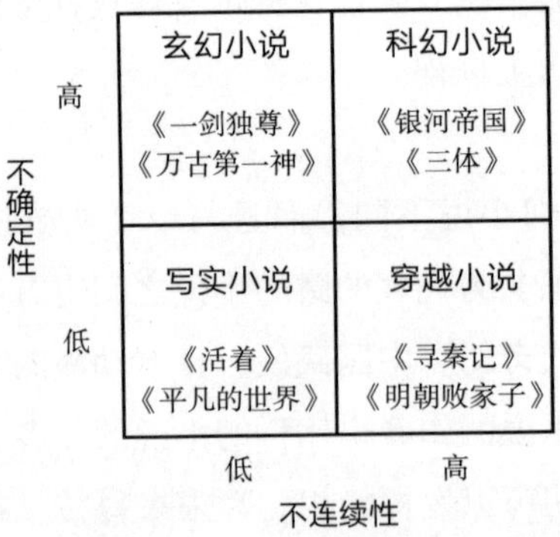

图 1-1　四类小说中的不确定性和不连续性

比较而言，写实小说与现实生活最为贴近，其中反映的事物发展方向的不确定性和事物发展路径的不连续性与现实生活中的情境比较相似。例如，《活着》中的福贵一生坎坷，从新中国成立前的地主少爷成为新中国成立后的劳动人民，父母、儿子、女儿、女婿、妻子和外孙等亲人相继离他而去，他一生经历的困苦可能不会发生在每一个普通读者身上，但其经历折射出的人生哲理却对每一个读者都有借鉴意义。

穿越小说更多地强调不连续性，主人公通过跨时空穿越带来的信息或其他有价值资源的优势主导剧情的发展。例如，电视剧《寻秦记》讲述香港警务处要员保护组警员项少龙，在一次关于时光机器的科学实验里被送回秦王嬴政登基前 3 年的赵国都城邯郸。项少龙为了可以回到现在，决定帮助嬴政统一六国成为秦始皇。可以看出，穿越小说虽然打破了时空维度的连续性，但大都避免对社会的未来走势产生重大影响，以保证结局的确定性。

玄幻小说更多地强调不确定性，故事发展逻辑天马行空，往往很少受科学规律和理论逻辑的约束，剧情越热闹越好。例如，网络爽文《一剑独尊》中的名言是“诸天神佛仙，不过一剑间！”书中设置有四维至九维宇宙，还有各式各样的境界，非常热闹，随意发挥。刘慈欣在一次采访中说：“我和每天更新一万字的网络作家相比，还远远谈不上勤奋。”这句评价也反映出两类小说创作难度的差别。

多一点希望

黑格尔曾说：“一个民族有一群仰望星空的人，他们才有希望。”相应地，一个民族如果只是关心身边的事情，那是没有未来的。我们每一个人都生活在世俗中间，但如果只是这样的话，我们的民族就不可能拥有更高级的文明。在百年不遇的大变局中，无论是一个民族，还是我们每个人，特别是孩子们，都更应该仰望星空、着眼未来，多读一些科幻小说，多培养一些想象力。

多一些仰望星空的个体，人类就更可能在灿烂星河中找到下一个家园；多一些着眼未来的个体，人类就可以在危机到来时多一些选择；多读一点科幻小说，思想就会多一些在不确定性中寻找确定性的体验；多培养一些想象力，行为就不会在遇到不连续性时踟蹰不前。

现实世界是复杂的，充满不确定性和不连续性。不确定性主要指事物的未来发展方向有多种可能，我们很难在事实发生前预测各种可能性发生的概率，甚至无法罗列所有的可能性。不确定性的极端情况被称作“黑天鹅”，即事前难以预测，事后影响力巨大的事件。与未来发展方向不确定性相关的是未来发展路径的不连续性，即我们很难在达到目标之前知道所选择的道路是否走得通。不连续性的极端情况被称作“灰犀牛”，即影响力巨大且能够打断原有规划路径的事件。

科幻小说既不像写实小说那样过于贴近生活，也不像穿越小说和玄幻小说那样只强调情节发展，科幻小说的时空变换都要有科学依据，剧情走向要平衡好不确定性和不连续性之间的关系。

例如，《三体》中的穿越情节是以三体游戏形式出现的，玩家在这款虚拟现实游戏中可以扮演周文王、秦始皇、哥白尼、爱因斯坦等中外知名的人物角色，体验三体世界中恒星的不稳定性带来的文明延续的不连续性，从而潜移默化地接受三体人的世界观，并成为拥护三体世界统治的地球人。作者以这样一种游戏形式把缺乏科学依据的时空穿越内嵌在剧情中，既不会影响主故事线的逻辑性，也能为读者带来跨越时空的愉悦感。

生活：不确定性和不连续性

活在当下

人们常说“文学作品来源于生活又高于生活”，这句话可以理解为文学作品中的故事情节体现了现实生活中的不确定性和不连续性，但其程度又高于现实生活。由于文学作品和现实生活之间存在这样的关系，我们可以通过阅读文学作品启发思考，思考文学作品中反映的不确定性和不连续性，帮助我们在现实生活中更好地在不确定性中找到确定性，在不连续性中发现连续性。

例如，余华的小说《活着》讲述了主人公福贵在从解放战争到改革开放初期的人生历程。[①]新中国成立前，福贵家是地主，但福贵是个败家子，在赌博中把家里的田地输光了，接着把家里的祖宅也输掉了。因为输光了田地和房产，福贵成了贫农，躲过了“打土豪，分田地”，而赢了他田地和房产的龙二被划分为地主恶霸枪毙了。福贵人如其名，在输掉田地和房产之前，他的生活既福且贵、有钱有闲，没有什么不确定性和不连续性，正如图 1–2 的左下方象限所示。

新中国成立前夕，福贵的人生走到了图 1–2 右下方的那个象限，之前那种地主少爷的生活一去不复返，福贵的生活遭遇了不连续性。福贵从地主变成了贫下中农，被国民党抓了壮丁，在九死一生的战场上捡了一条命，好不容易才回到家里。不幸的是，福贵不在家的这段时间，父母亲去世了，女儿凤霞变成了哑巴。

---

① 余华 . 活着 [M]. 北京：北京十月文艺出版社，2021.

“文化大革命”开始后，福贵的人生前途莫测，家途维艰，不确定性和不连续性接踵而来，故事进入图 1–2 右上方象限。先是福贵的儿子有庆因为在医院给难产的县长夫人献血不幸去世，接着是女儿凤霞难产死在了有庆去世的同一家医院，然后女婿、妻子家珍和外孙也相继去世。故事的最后，改革开放了，社会上出现了很多发展机遇，也重新回到了持续发展的轨道，进入图 1–2 左上方象限。但福贵已到暮年，他买了一头老牛，与之相依为伴，终老一生。

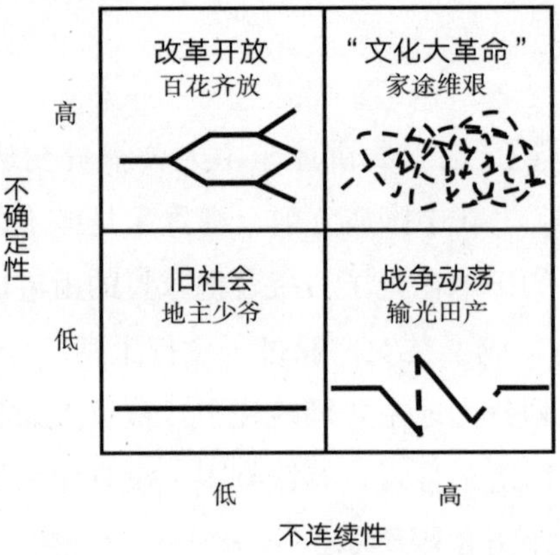

图 1–2 《活着》中的不确定性和不连续性

福贵的一生，谈不上波诡云谲，却反映了大时代变迁中的小人物面临的共同挑战：环境中的确定性和连续性突然降低，不确定性和不连续性急剧上升。当福贵还是地主少爷时，不确定性和不连续性都很低，可以预见，他可能会从地主少爷变成地主老爷。然而，赌博让他的生活失去了连续性，成为无产者后的福贵成了时代大潮中的一叶扁舟，人生方向也失去了确定性。每个人都不想成为福贵，但每个人都是福贵，都会在一生中面临这样或那样的不确定性和不连续性。

管理启示录

管理中的不确定性和不连续性

管理如人生，企业也有生命周期，在发展中面临着这样或那样的不确定性和不连续性。每位企业家都希望自己的企业发展能一帆风顺，像福贵那样“家里有田，遇事不慌”。然而，企业家天性爱冒险，有可能因为某项决策就失去了企业发展的连续性。同时，环境风云变幻，企业发展充满了不确定性。企业应如何应对不确定性和不连续性？使命、愿景、价值观和战略是企业家需要认真思考的重要内容。

在企业管理中，使命、愿景、价值观和战略是重要的组成部分，使命、愿景、价值观是战略的前提，战略是使命、愿景、价值观的体现。在阿里巴巴的管理体系中，使命、愿景、价值观被称为“三板斧”的“上三板”，组织、人才、KPI[①]被称作“下三板”，战略衔接“上三板”和“下三板”。这里讨论不确定性和不连续性时，主要关注使命、愿景、价值观和战略（见图 1-3）。

企业使命的形成是一个过程，常常以创始人的初心为出发点，以创始人的梦想为终点，在企业发展过程中逐渐成形。使命的目的是为企业在长期发展过程中指明方向，并帮助企业在遇到困难时获得前进的力量。由于使命跨越企业整个生命周期，所以使命的表述往往比较宏观，表达企业作为生命体存在的理由和梦想。使命可以用图 1-3 右上角象限中的图形表示，帮助企业不忘初心，牢记使命。

① Key Performance Indicator，简称 KPI，指关键绩效指标。

愿景表示在一段时间内企业想要达到的远景目标，通常具有比较确定的方向。由于时间跨度较长，企业愿景不一定能够实现，也可能需要根据情况进行调整。企业的愿景可以用图 1-3 右下角象限中的图形表示，表达相信的力量，因为相信，所以看见。

价值观是企业处理具体事务和潜在矛盾的准则，规则必须明确，表达必须清晰，需要具有较高的确定性和连续性。在企业文化的构成中，价值观是底线，是支持企业可持续发展的基石。企业价值观可以用图 1-3 左下角象限中的图形表示，坚守底线，砥砺前行。

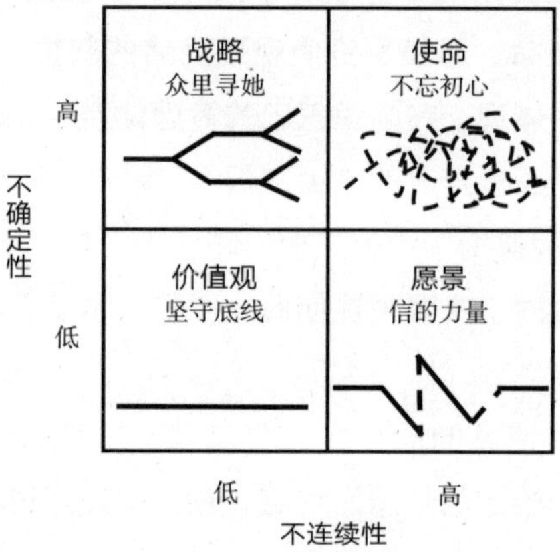

图 1-3　企业管理中的不确定性和不连续性

战略是企业向着心目中的使命、愿景前进的过程中，以价值观为行为边界所进行的选择。**战略选择的重点有两个：一是方向，二是路径。**方向指的是往哪里去，路径指的是能否行得通。方向关注战略规划，路径关注战略执行。战略过程就是一个“众里寻她”的过程，“草鞋没样，边打边像”。企业的战略可以用图 1-3 左上角象限中的图形表示，重点关注的是方向上的不确定性，要尽量做到方向大致正确。

心系远方

与写实小说相比，科幻小说的不确定性和不连续性程度更高，情况更复杂。科幻小说往往需要在不确定性和不连续性之间取得平衡，既要反映世界未来发展的不确定性，也要反映世界未来发展的不连续性，而且不同主题的科幻小说在不确定性和不连续性两个方面各有侧重。

科幻小说的故事，有的只是发生在地球上，有的发生在地球和太空之间，有的主要发生在太空中。通常来说，主要发生在地球上的科幻故事剧情发展方向的不确定性较低，主要发生在太空中的科幻故事剧情发展的不确定性较高。这可能是由剧情在太空中可以在更多维度上展开，可以“开更大脑洞”所导致的，也可能是由读者对地球环境更加熟悉所导致的。

从故事情节的跳跃性或不连续性来看，中篇和长篇科幻小说的不连续性往往高于短篇科幻小说。这一方面是由于作者在中篇或长篇小说中可以展开更多较短小的故事情节，而故事情节之间可能并不是无缝衔接的；另一方面是由于中篇或长篇小说的叙事结构往往是插叙式或倒叙式的，给人以不连续的感觉。图 1-4 以刘慈欣的科幻小说为对象[①]，说明了科幻世界中不确定性和不连续性的含义及其关系。

① 《纤维》《命运》《混沌蝴蝶》《2018 年 4 月 1 日》收录于《带上她的眼睛》。刘慈欣 . 带上她的眼睛 [M]. 成都：四川科学技术出版社，2015；《地球大炮》《镜子》收录于《梦之海》。刘慈欣 . 梦之海 [M]. 成都：四川科学技术出版社，2015. 刘慈欣 . 超新星纪元 [M]. 重庆：重庆出版社，2016.

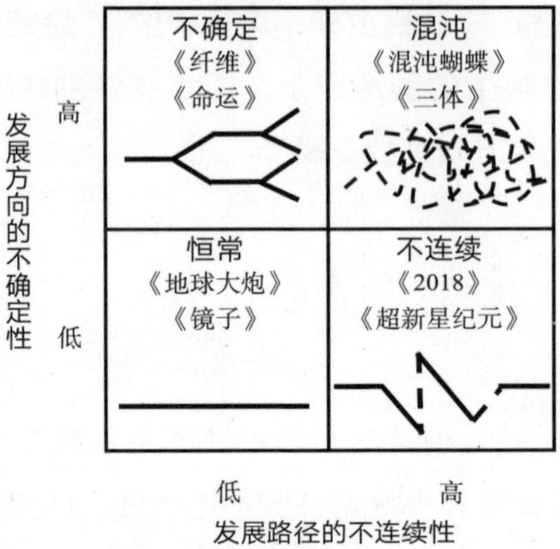

图 1-4 刘慈欣科幻小说中的不确定性和不连续性

不确定性：人类文明不过是一次偶然

平行宇宙

平行宇宙理论起源于 20 世纪初发展起来的量子力学理论。量子力学理论认为，微观粒子（如电子）不需要拥有特定的位置，它可以同时处于不同的位置，当粒子拥有这样的性质时，物理学家就说它们处于不同状态的叠加态。基于量子力学的平行宇宙模型意味着：在其他宇宙里也可能存在过同样的“我”；其中的某些“我”可能还活着；某些“我”可能比我过得更好，另一些“我”可能比我过得更差。换句话说，我们之所以是现在的自己，是极其偶然的。

支持平行宇宙模型的科学家认为，我们所在的宇宙只是无穷多个宇宙泡泡中的一个，别的宇宙泡泡的物理常数可能与我们这个宇宙完全不同。例如，有些宇宙的光速不是约等于 30 万千米 / 秒，而是更快或更慢。

在刘慈欣的小说《镜子》里有这样的情节，宋诚利用超弦理论和奇点模型构建了一套宇宙模拟软件，可以通过输入不同的参数构建出不同的宇宙模型。在小说中，宋诚尝试模拟过 1 000 多次大爆炸，形成了 1 000 多个不同的宇宙。在第 1 207 次尝试中，宋诚得到了具有与我们所在的真实宇宙相同常数的虚拟宇宙。

平行宇宙概念和量子力学原理被运用在非常多的科幻作品中，甚至有一句类似调侃的话，“脑洞不够，平行宇宙；遇事不决，量子力学”，说的就是量子力学中的不确定性和平行宇宙中的无限可能性，可以给科幻和文学创作带来巨大的空间。

例如，电影《源代码》中，一列火车在芝加哥爆炸造成巨大的人员伤亡。科学家启动源代码系统，让主人公进入平行宇宙寻找爆炸制造者。主人公进入一个平行宇宙后，有 8 分钟时间找到目标。他在前 8 次尝试失败后，终于在第 9 个平行宇宙中完成了任务，并在这个平行宇宙中拯救了那辆列车上的人员。

纵观人类文明史，我们经历了一个从懵懂无知到妄自尊大的过程。在人类文明早期，由于生存能力的落后，我们敬畏自然并形成了各种崇拜，甚至宗教。当人类文明逐步发展起来，人们具备一定认识和改造世界的能力时，又开始妄自尊大，认为人类是世界的主宰。

数百年来，虽然随着科学和技术的快速发展，人类对宇宙有了更为客观的认知，但从意识底层看，我们还认为人类是我们所在的这个世界的唯一智慧生命。虽然平行宇宙理论目前仍无法得到科学证实，但关于平行宇宙的科幻小说和文学作品却警示着我们，人类的存在可能是由极其偶然的不确定性导致的结果，我们应该珍惜所拥有的生存空间和环境。

命运多舛

在刘慈欣的小说《命运》中，一对新婚夫妇租了一艘小飞船到太空度蜜月，误入时间虫洞穿越到 6 500 万年前的太空，并推开了一颗飞向地球的小行星。当他们意识到自己穿越到了白垩纪后，决定返回，通过虫洞回到他们出发的时间。他们在海面上降落时，被一艘大船救了起来，船上有一些讲着奇怪语言的人类。经过艰难的沟通，主人公终于发现一个恐怖的事实：他们进入了一个恐龙主宰的世界，人类在这个世界是恐龙的食物和观赏动物。

在小说的最后，主人公领悟了一个道理：在现实世界中，人类文明在地球上达到巅峰，不过是一个偶然的事件，而人类因为自负把偶然当成了必然。在他们所穿越到的这个时空中，大自然抛出的进化硬币翻到了另一面。《命运》中的穿越主要发生在时间维度，主人公因为穿越到了历史上恐龙灭绝前的时刻，推开了撞击地球的小行星从而改变了历史进程。

科幻小说中的时空穿越也经常发生在空间维度上。例如，在刘慈欣的小说《纤维》中，一名驾驶 F18 战斗机的美国空军飞行员误入一个平行空间，这个空间入口的登记员说："喂，你走错纤维了！"飞行员这才发现他所看到的星球是黄色的，而不是蓝色。他还发现空间入口登记处已经有几个人在排队了，他们都是走错纤维的人。登记员还告诉他，这是常事儿。

起初，飞行员还以为这些人都和他一样来自蓝色地球。但这些人说他们的地球分别是紫色的、灰色的和粉色的，还有不同数量的卫星和星环。在离开登记处之前，登记员送给了他们每个人一个纤维镜，可以帮助他们把彼此的世界连接起来。在飞行员返回地球之后，他用纤维镜看到另一个他和回到了粉色星球的女孩结婚并度过了快乐的一生。

在《镜子》《命运》《纤维》这三部小说以及《源代码》等科幻电影里，几位作者想表达的都是人类应该对自然界存在的无限可能性保持敬畏，在处理人与自然的关系时，不要总是把人类的短期利益放在第一位，甚至当作唯一重要的东西。人类认为必然的事物，很可能只是一个偶然。当黑天鹅事件发生时，我们偶然得到的，必然终将失去。

管理启示录

把主要精力集中在管理不确定性的工作上

《安娜·卡列尼娜》开篇的一句名言是："幸福的家庭都是相似的，不幸的家庭各有各的不幸。"类似地，一些企业家说："成功的企业都是相似的，失败的企业各有各的失败。"这里说的"相似"，指的是企业经营中的确定性，而"各有各的失败"则是企业经营中的不确定性。**成功的企业管理，往往是没有"惊喜"，没有不确定性的。**

2016年7月，任正非在华为市场年中会议上发表题为《前进的路上不会铺满了鲜花》的讲话[①]，强调居安思危的重要性。任正非指出："世界黑天鹅事件群飞，全球会产生我们想象不到的波动……未来3至5年，公司存在很大风险，华为公司必须遵纪守法，以法律遵从的确定性，应对国际政治的不确定性。整个世界风云变幻，但是我们能确定自己遵纪守法，在世界各国都

① 任正非．前进的路上不会铺满了鲜花——在2016年市场年中会议上的讲话[EB/OL]. (2016-07-12). http://xinsheng. huawei.com/next/#/detail?tid=6814769.

不要违反法律。”

在应对不确定性时，华为坚持以客户为中心的原则。任正非强调：“面对客户为中心的权力要进一步下沉。代表处应有客户的选择权、产品的选择权、合同的决策权，以此来推动后方的各项改革。同时，代表处的决策权仅适用代表处不确定部分的自处，全流程的成本公司不授权，形成一定基线。”

任正非发表上述讲话两年后，华为遇到了重大的外部不确定性，2021 年销售收入大幅下滑。然而，如果没有长期以来对不确定性的主动管理，华为遇到的挑战肯定更大，不确定性肯定更高。

因此，**企业主要管理者应该居安思危，把主要精力集中在管理具有不确定性的工作上，而确定性的工作可以交给流程来处理。**企业主要管理者所要做的主要工作就是为企业选择发展方向，好比《纤维》中的飞机驾驶员要决定进入哪条纤维，或者是《命运》中的主人公要决定是否推开撞向地球的小行星。

不连续性：冬眠还是清醒是一个问题

穿越时空

平行空间就好像《纤维》中描述的那样，像是在树杈状纤维上串着一个个不同颜色的地球，生活在其中一个地球上的生命要想和生活在其他地球上的生命发生联系，需要“走错纤维”。那么，《纤维》中的地球飞行员是如何走到其他纤维的呢？这就涉及连接宇宙空间的虫洞了。

电影《星际穿越》讲述的故事中，地球陷入末日危机，而科学家发现了一个虫洞，另一端有三个可能适合人类居住的星球。于是，科学家制订了两个计划，A 计划是得到地心引力算法和黑洞数据后建立空间站拯救地球上的所有人，B 计划是抛弃地球上的所有人，只带受精卵移民外星球。男主角和三个队友踏上了穿越星际的旅程，他们穿过虫洞到达银河系以外的新星系。在经历了数十年的探索后，男主角获得了 A 计划所需的数据，找到了拯救地球人类的方法。

天体物理学中虫洞概念的灵感来自苹果上的虫洞。对于一只在苹果上爬的蚂蚁来说，苹果的表面是它的整个宇宙。如果苹果中有一个虫洞，那么这只蚂蚁从苹果的顶部到达底部会有两条途径：沿着苹果的表面（也就是蚂蚁的宇宙）爬行或者穿过虫洞。虫洞这条路显然更近，它是蚂蚁从自己宇宙中的一点到达另一点的捷径。

对于生活在二维宇宙中的蚂蚁来说，苹果内部是三维的超体或高维超空间。虫洞的壁可以被视为蚂蚁二维宇宙的一部分，因为虫洞的壁和蚂蚁的宇宙拥有同样的维度（二维），并且虫洞的入口处与这个宇宙（也就是苹果的表皮）是相连的。

在电影《星际穿越》中，主人公通过虫洞穿越的空间并不是平行宇宙之间的空间，而是利用同一宇宙内高维空间中两点间距离比低维空间中两点间距离更短这一特点，在太空中搭建的跨越空间的桥梁。在科幻小说中，不连续性不仅体现在空间的不连续性，也体现在时间的不连续性和物质的不连续性等方面，前者包括利用休眠跨越时间，后者包括物种甚至是星球的毁灭等。

延续生命

在《2018》这本小说中，主人公是一名公司会计，他计划利用公司账户上的一笔钱给自己做一个基因改造延长生命手术。虽然挪用公款可能让他面临20年的牢狱之灾，但和这项技术能给他带来的近300年寿命相比却非常值得。让主人公迟迟下不了决心的是，这笔钱只够他一个人做手术，而如果他的女朋友不能延长生命，主人公将在孤独中度过200余年的人生。

当主人公见到女朋友时，他暗自下决心不做手术了。此时，女朋友却告诉他，她已决定采用冬眠技术减缓自己生命的流失速度。冬眠技术可以用零下50摄氏度的低温将人体冷冻，在此期间人体机能丧失的速度是苏醒状态下的1%，即过100年后苏醒的话，人的实际寿命仅增加一岁。

主人公和他女朋友计划采用的两项技术虽然在原理上不同，但目的都是帮助人跨越时间、延长生命，应对死亡带来的生命不连续性。基因改造延长技术可以帮助人活得更久，在此期间，人可以延续自己的生活，提升自己的个人能力，适应未来社会的变化。冬眠技术则暂停了人的活动，冬眠结束后的人可能无法适应改变后的社会。正是因为两项技术的差异，主人公和女朋友分手了。

刘慈欣在《三体》中构建的"宇宙社会学"包括两个基础假设：第一，生存是文明的第一需要；第二，文明不断增长和扩张，都需要资源，但宇宙中的资源总量保持不变。第一个基础假设中的"生存"意味着文明的连续性，而文明对资源的抢夺意味着某些文明将被毁灭，面临不连续性。因此，连续性是文明发展的根本目标。同理，无论是对个体生命还是社会组织而言，生存永远是发展的前提。

《超新星纪元》是刘慈欣的一部长篇小说，其开篇故事情节是：距离地球 8 光年的一颗恒星死亡了，它的核心在引力之下坍缩成了一个致密的小球，随后引发了一次巨大的核聚变，产生了一颗超新星。

超新星的强光经过 10 年时间到达地球，其高能射线破坏了人体细胞中的染色体，人类中超过 13 岁的人将因无法自行修复辐射带来的损伤而死亡。也就是说，人类社会将变成一个只有孩子的社会，人类文明的发展可能由于代际断裂而失去连续性。《超新星纪元》的主要内容就是，"大人社会"想方设法抓紧最后的时间向"孩子社会"传递知识，帮助孩子们在所有成人死去后管理这个世界，而孩子们在接手世界后，很快就把世界弄得千疮百孔。

在《2018》《超新星纪元》等小说以及《星际穿越》等科幻电影里，作者们想表达的都是这样一个思想：人类应该时刻警惕外部环境中存在的不连续性，做好危机处理预案。在危机发生时，可以像《超新星纪元》里那样冷静地应对危机，在生存环境的不连续性中找到人类延续的连续性。

管理启示录

抓好业务连续性管理体系建设

在企业管理中，高层管理者也应对业务连续性予以重视，打好提前量，建好预备队。可以像《2018》里那样，用冬眠等技术提前准备好未来可能需要的技术和物质资源，类似华为的"诺亚方舟"等"备胎"计划；也可以像《超新星纪元》里那样，培养人才梯队，类似于华为的"轮值董事长"计划，为可能到来的危机做好应对准备，避免企业文化在传承中的迷失，减少企业业务在动荡中的损失。

在当今社会分工高度国际化的背景下，企业的各项业务都不可避免地依赖与第三方厂商、专业机构以及合作伙伴的广泛合作，业务连续性管理至关重要。成熟的企业都非常重视业务连续性管理体系的建设。

例如，华为经过多年的持续建设，已在研发、采购、制造、物流及全球技术服务等领域建立了从供应商到华为、从华为到客户的端到端业务连续性管理（Business Continuity Management，BCM）体系[①]，并通过建立管理组织、流程和信息技术平台，将BCM关键要素融入产品设计，制订BCM计划及突发事件应急预案，开展员工BCM培训及演练等措施，提升各组织BCM管理能力和应对突发事件的能力，确保对日常业务风险的有效管理。

在研发和采购领域，华为采取的关键举措包括：多元化方案、分场景储备、供需能力可视化等。华为坚持全球化和多元化的供应策略，积极发展供应资源，保障原材料供应多元化，避免独家供应或单一地区供应风险，确保产品的持续可供应性。在量产阶段，为满足客户需求，应对全球疫情、极端自然灾害、贸易冲突、需求波动以及供应行情等不确定性变化，提前识别风险，组织建立从原材料、半成品到成品的合理安全库存。此外，还与供应商深度协同，通过信息技术系统实现需求预测、采购订单、

① 华为投资控股有限公司2021年度报告[EB/OL].https://www.huawei.com/cn/annual-report/.

供应商库存的可视化，确保需求的快速传递和供应能力的快速反应。

在制造供应和备件储备领域，华为采取的关键举措包括：制造供应能力备份和全生命周期备件储备等。华为坚持自制与外包并重，与多家电子制造服务商（Electronic Manufacturing Services，EMS）建立了长期战略伙伴关系，形成了华为和EMS、各EMS之间可相互备份的供应能力。从生命周期角度看，在产品停产之前，按照市场需求与历史用量滚动进行备件储备；在产品停产之后，按全生命周期预测一次性做足备件储备，确保客户现网设备运行的连续性。

为了跨越企业生命周期，许多希望基业长青并成为百年企业的公司，都在不断进行业务转型，从直接提供最终消费品到提供生产这些最终消费品的基础设施。在华为公司所在的行业中，客户本质上是为了获得具有确定性和连续性的产品和服务。因此，华为必须保证自身的生产和服务具有确定性和连续性，越是在危机时刻，越要保持自身业务的确定性和连续性。

混沌：扰动非洲大气，改变欧洲战局

飞星，飞星，又是飞星

不确定性和不连续性都很高的情况，被称作混沌。在刘慈欣的《三体》中，三体人所在的星系有三颗恒星，当恒星远离三体星时被称作“飞星”。当三体人在空中看到一颗飞星时，意味着有两颗恒星在三体星附近，此时三体星不确定围绕哪颗恒星运转，于是三体世界就忽冷忽热，被称作乱纪元。当他们看到两颗飞星时，意味着三体星围绕一颗恒星旋转，三体世界冷热转换恒常，这就是恒纪元。当他们看到三颗飞星时，意味着三体星周围没有恒星，此时三体世界变得非常寒冷，生命无法存续。在三体星系中，除了“飞星”现象还有“凌空”现象，也就是行星离恒星非常近。“凌空”现象有“双日凌空”和“三日凌空”两种情况，每种情况都可能导致三体文明毁灭。

《三体》小说中的地球三体组织设计了一个虚拟现实游戏，游戏玩家戴上游戏装备后可以进入一个以人类文明发展史为背景，结合三体文明所面临的不确定性星系环境的游戏。设计这个游戏的目的是，通过演绎三体文明不断灭亡和重生的历史，使一部分地球玩家熟悉三体文明，进而接受三体文化，并最终成为地球三体组织的成员。在游戏中，由于三体星系乱纪元的时长远远超过恒纪元，整个星系的大多数时间处于混沌状态，人们无法预测乱纪元和恒纪元具体的时间长短以及变换规律，所以文明的发展环境具有非常强的不确定性。

文明发展环境的不确定性导致了文明发展的不连续性。在三体世界，每次文明毁灭后，文明所取得的成就都会遗留下来，作为后续文明发展的知识基础。但由于每次文明终止时，绝大多数物质基础都会被毁灭，因此三体世界的文明发展是不连续的。在小说中，第 192 号文明是三体文明的里程碑，它最终证明了三体问题在数学上的不可解，使三体文明放弃了在三体星系中的轮回努力，确定了走向外星系寻找新家园的目标。

三体人面临的三体问题也是地球科学家关心的问题。挪威国王奥斯卡二世曾在 1887 年设立了一个科学大奖：谁能解决三体问题，就把这个奖颁给他。然而，最终科学家发现三体问题在数学上不可解。

从16世纪、17世纪开始，正是凭借着科学的力量，人类开始摆脱神力的束缚，通过科学方法驯服自然。几个世纪以来，理性一直与稳定、有序、可预测等概念紧密联系在一起。人们愿意相信，在看似复杂的各种现象之下，人们总是能寻找到以简单且可以预测的数学法则书写的秩序和美感。因此，虽然三体问题不可解，却使人们意识到自然界的复杂性远超人类的认知能力。

蝴蝶，蝴蝶，还是蝴蝶

混沌科学就是在这样的背景下发展起来的。人们发现，只要数量够多，即便是简单的基本个体集合在一起也可能构成让人难以理解、难以预测的复杂系统。气象系统就是一个复杂的混沌系统。20世纪60年代开始，麻省理工学院的数学家和气象学家爱德华·洛伦兹在进行天气预报的过程中把之前已经得到的数据直接输入计算机进行重复计算，结果发现同样的数据和算法却可以得到不同的预测结果。而且结果在预测的初期尚且能够保持大致相同，而预测的时间越久，差距越大。经过仔细检查，洛伦兹发现，自己在输入之前计算数据的时候，把原有的数字“0.506 127”简化输入为“0.506”。就是这么不到1‰的差距，导致计算结果出现了极大的差异。

在《三体》中有这么一个场景，物理学家丁仪和汪淼一起打台球，丁仪把黑白两色台球放在台球桌上不同的位置，还试着把台球桌挪到屋子的不同位置，让汪淼先后打了五次，汪淼每次都把球打入洞中。丁仪解释道：“我们一共进行了五次实验，其中四次在不同的空间位置和不同的时间，两次在同一空间位置，但时间不同。在五次实验中，两个球的质量是没有变化的，以台球桌为参照系的位置也没有变化，两球相撞的速度向量也基本没有变化。这些都说明物理规律在时间和空间上是均匀的。”

然而，如果每次两球相撞都发生不同的事情，有时白球能将黑球撞入洞内，有时黑球随机走偏，有时黑球飞上天花板，或者像《哈利·波特》里的魁地奇小球那样乱飞，这样事物就没有规律了。类似的事情发生在丁仪的女朋友杨东所主持的高能加速器粒子对撞实验中，杨东因此怀疑物理学是否存在，最终自杀。我们知道，这种混乱是三体文明派来的智子故意制造的，目的是用这种不确定和不连续的混沌状态破坏人类的基础物理研究。

混沌对天气系统的影响也被刘慈欣写入一部叫《混沌蝴蝶》的短篇小说中。小说的主人公亚历山大是一位南斯拉夫的科学家，他开发了一套数学模型和计算机软件，可以基于全球大气数据计算出影响某个区域天气的气候敏感点。当时南斯拉夫正面临北约的空袭，亚历山大借用一台超级计算机计算出了位于非洲的第一个气候敏感点，于是他赶到非洲的这个地点，利用一大块冰使该敏感点急速降温。由于蝴蝶效应，这个气候敏感点的微小扰动让南斯拉夫遭遇大雾天气，阻碍了北约军队的空袭。

随后，亚历山大又计算出了位于日本冲绳附近海面上的一个敏感点，他利用炸药扰动海水，造成了南斯拉夫连续三日的阴天，再次导致北约空袭计划的失败。亚历山大找到的第三个气候敏感点在南极，然而当他赶到南极时，因为超级计算机的停用，无法准确找到该地点，从而导致气候扰动计划失败，他的祖国最终还是遭到了轰炸。

《三体》和《混沌蝴蝶》等作品告诉我们，随着科学研究的发展，人类对自然规律的认知越来越多。然而，正是因为认知范围的扩大，人类也认识到自己所理解的自然规律仅仅是冰山一角。从整体上看，宇宙、太阳系、地球，乃至个人所面临的环境都是一个个复杂系统，我们可能永远无法掌握这些复杂系统中的所有规律，但正是对于这些规律的不懈追求，使得人类能够在具有不确定性的外部环境中找到越来越多的确定性，在不连续性的发展过程中创造越来越多的连续性。

管理启示录

让黑天鹅在咖啡杯内起飞

企业创始人和高层管理者的主要任务是应对企业发展过程中的不确定性，为企业选择大致正确的发展方向；企业的中层和基层管理者的主要任务是应对企业发展过程中的不连续性，为企业在所选择的方向上持续发展铺平道路。**企业的整体经营过程，就是在不确定性中寻找确定性，在不连续性中创造连续性，在混沌中找到秩序，在变局中开创新局。**

企业高层管理者经常会遇到挑战，他们有时候像《混沌蝴蝶》中的亚历山大，几乎要靠一己之力找到破局点；有时候又像《三体》中的罗辑，先要在混乱的变局中找到可能的战略方案，后要在长期的僵局中坚持自己的战略方向。从这个意义上讲，企业创始人既是面壁者，也是自己的破壁人。

任正非多次提到“让黑天鹅在咖啡杯内起飞”的理念。他在 2016 年发表了《多路径，多梯次，跨越“上甘岭”攻入无人区》的讲话①。他强调：“大家不要把主航道理解成唯一航道，多

① 任正非．多路径 多梯次 跨越“上甘岭”攻进无人区——在巴展和乌克兰谈话要点 [EB/OL].

路径是朝着一个目标和方向，这不叫背离主航道。我们公司在奔向无人区的前进中，只要多路径，就不会出现僵化；只要多梯次，就不会出现惰怠。”

任正非说：“每一个梯次在冲锋的时候，他的视野已经聚焦在那个山头上了，所有的外围东西他都看不见，他都不想了，一心只想攻上‘上甘岭’；第二梯队就是广阔视野，关注星空，扫清外围，第一梯队攻破城墙口，已经消耗殆尽了，就应该第二梯队上去了。所以只要保留多路径、多梯次……”

任正非认为：“有了多路径和多梯次，就形成黑天鹅梯队、预备梯队、能工巧匠梯队……黑天鹅是可能出现的，但是希望出现在我们的咖啡杯中。我们要开放，要支持同方向的科学家，要支持理解歪瓜裂枣……欢迎黑天鹅到我们公司里来飞，我们允许你飞，自己颠覆自己。”

所以，华为应对高不确定性和高不连续性的原则是：开放合作，团结一切可以团结的力量，让黑天鹅飞在自己的咖啡杯中。现实中的不确定性和不连续性无法完全避免。企业家能做的就是，在不确定性和不连续性发生前有所准备，让不确定性和不连续性发生在自己的战略格局和视野之中，把不确定性和不连续性限定在可承受范围之内。

恒常：尝试偏离主线，激发生命活力

三体与智子

地球之所以成为三体文明想要占领的目标，主要是因为地球的自然环境与三体星的混沌状态不同，具有较高的确定性和连续性。科学家曾总结出地球出现文明的几个主要条件：

第一，太阳轨道距离银河系中心的位置比较合适，太阳轨道距离银河系中心有 2.65 万光年的距离，近似成圆形轨道旋转，远离银河系中心的强力辐射。

第二，太阳为单星系统，更加稳定。宇宙中存在着许多双星、三星系统，甚至是星团，其运行轨迹并不稳定，随时可能产生扰乱，不利于生命的持续生存。

第三，太阳质量适中。如果恒星质量太大，过快的核反应会大大降低恒星的寿命，导致恒星系内无法孕育生命。如果恒星质量太小，则由于核反应微弱，该恒星的宜居带距离恒星太近，又会造成恒星风暴波及行星，导致生命体的毁灭。

第四，地球大小适中，有足够的引力吸引住大气层，也有稳定的磁场，保护水汽不被太阳风电离成氢原子。

第五，地球轨道近似圆形，具有安全的轨道运行空间，并且与太阳的距离合适。

第六，木星强大的引力保护地球不被小行星和彗星干扰，避免了许多重大的灭绝灾害。

第七，月球造成了潮汐作用，保证了地球水系统的循环，也降低了地球受陨石撞击的概率。

第八，地球有着合理的自转速度，24 小时自转一周保证太阳光照均匀，地表温度不会太高也不会太低。

在《三体》中，三体世界的科学执政官在研究了地球文明史之后发现：人类从狩猎时代到农业时代，用了十几万地球年的时间；从农业时代到工业时代用了几千地球年；而由工业时代到原子时代，只用了 200 地球年；之后，仅过了几十个地球年，人类就进入了信息时代。结论是，人类文明具有可怕的加速进化能力！

在三体世界，已经存在过的 200 个文明中，没有一个经历过这种加速发展，所有的三体文明的科学和技术的进步都是匀速甚至减速的，每个文明的发展都需要基本相同的漫长发展时间。

考虑到地球文明加速发展的可能性，三体世界元首指出：在 400 地球年后，当三体舰队到达地球所在的行星系时，地球文明的技术水平应该已经在加速度发展中超过了三体文明。如果这种情况发生，三体舰队到达地球就不是去远征，而是去送死。基于上述假设，三体文明只有一个出路，就是限制地球上科学的发展，而最有效的手段就是“锁死”地球上基础科学的发展。

于是，就有了《三体》中最富有想象力的情节之一：智子。智子本质上是一台超小型智能计算机，由三体文明对一颗质子进行二维展开，利用强作用力蚀刻上电路后，再收缩为高维状态制造而成。三体文明最初发射了两个智子，先于三体舰队 400 年到达地球，智子的主要任务就是定位人类用于物理学研究的高能加速器，然后潜伏其中。由于智子的干扰，高能加速器实验会产生错误和混乱的结果，从而阻止人类的物理学理论研究向前发展。

地球与镜子

三体文明诞生在一个处于混沌状态的星系，为了可持续发展，他们向外寻求确定性高且连续性高的生存环境，最后把地球当作征服目标。由于地球环境的确定性和连续性都较高，人类文明才得以出现并持续发展至今。从本质上看，人类文明的发展史就是一部寻找确定性和连续性的历史。处于原始时代的人类以采集和狩猎为生，虽然不需要投入精力种植植物和饲养动物，但获得食物的不确定性非常高，从而造成部落生存的连续性较低。

进入农耕社会之后，种植和驯养需要投入大量的精力，人类获取食物的效率不升反降，但人类看重的是农耕带来的具有更高确定性和连续性的收获。进入农业社会之后，人类更紧密地依附于土地，形成人口聚集，并由此带来战争、疾病等多方面的不确定性和不连续性。为了克服这些挑战，人类发展出了国家、法律、科学等，不断在不确定性中寻找确定性，在不连续性中创造连续性。

刘慈欣的《地球大炮》讲述了这样一个故事：一位叫沈华北的科学家发明了一种新固态材料，这种材料具有极高密度，可以在地层中下沉。沈华北患了白血病，不得不进入冬眠状态。等他醒来之后被告知，他的儿子沈渊利用他发明的新固态材料在地球中心打了一个洞，从中国的漠河直通南极大陆。由于工程耗资巨大，且在施工过程中发生了重大事故，这个被称作“南极庭院”的工程被弃之不用。后来，沈华北再次进入冬眠。

等他在50年后醒来时，发现“南极庭院”已被改造成“地球大炮”，利用从地核中采集的电流给管道中的物体加速。人类把想要发射到太空的物体投入“地球大炮”的一端，当物体从“地球大炮”的另一端被发射出来时，速度已经达到15千米/秒，超过第二宇宙速度，可以轻松地被发射到太空中。

“地球大炮”虽然只是一个科学幻想，但其基本原理就是利用地球直径打造一根超长的炮管，让“炮弹”在其中缓慢加速到一个极高的速度，这样不仅对其中发射的物体损害较小，也可以承载质量和体积较大的物体。

仔细想一下，“地球大炮”非常像图1-4中恒常状态下的那条直线，发展方向的不确定性低且发展路径的不连续性也低，这种恒常状态正是事物可持续发展的理想状态，人类文明的发展正是经历了在类似轨道上的长期加速才有了今天的成就。

恒常状态的特点是低不确定性和低不连续性，但并不是说要追求绝对的确定性和连续性。事物发展过程中普遍存在着不确定性和不连续性，绝对的确定性和连续性可能根本就不存在，甚至对事物发展是有害的。

刘慈欣的《镜子》讲述了这样一个故事：科学家宋诚利用超弦理论和奇点模型构建了一套宇宙模拟软件，经过尝试得出了一个与地球所在宇宙一致的宇宙镜像系统。在这个系统中，他可以看到人类历史上发生过所有事件的细节，由此掌握了一些官员贪腐的证据，也受到了不明势力的追杀。当一位领导知道宋诚的镜像系统后告诉他，如果这样一个系统被用在社会中，那将是一个濒死的社会。原因在于，社会的进化和活力是以种种偏离主线的冲动和欲望为基础的，这就好比基因在复制和遗传中会出错和变异，因此才有演化出复杂和高等生命体的可能性。在整个演化过程中，不确定性（变异）和不连续性（突变）是生物多样性的基础。

果然，在宋诚研究出可以预测未来的递归运算方法后发现，在35 000年后，由于镜像系统的广泛应用，人类文明消亡了。人类遗迹中所有的建筑都是标准的正立方体，大小完全一样且整齐地排列着。在人类遗留的影像资料中，所有人的服装甚至表情都一样。

《地球大炮》和《镜子》等作品告诉我们，一方面，连续性和确定性是有益的，“地球大炮”的超长炮管带来的连续性可以让物体在其中缓慢加速，在不破坏物体结构的前提下，加速到宇宙逃逸速度，产生惊人的推动力。“地球大炮”贯穿地球所带来的确定性可以支撑其庞大的体积和复杂的结构，使之成为一件靠谱的宇宙探索工具。

另一方面，绝对的连续性和绝对的确定性可能是有害的。在小说《镜子》中，可以监控每个人行为的系统带来了绝对的确定性，人们逐渐失去了想象力和创造力，文学、艺术乃至科学都停止了发展，人类文明最终也失去了连续性。因此，我们在追求确定性和连续性的过程中，也要保持适度的不确定性和不连续性。

从一定意义上讲，有了确定性，才会有未来；但没有了不确定性，也就没有了希望；有了连续性，才会有文明；但没有了不连续性，也就没有了进步。所以，未来的希望一定是在不确定性中寻找确定性的结果，而文明的进步一定是在不连续性中创造连续性的过程。

管理启示录

压强原则

在小说《地球大炮》中，穿越地心的“炮管”就像企业增长的轨道。只有炮管够长，炮弹才能加速到很高的速度。同样，只有轨道够长，企业才能发展到足够的高度。作为企业家，其根本任务就是为企业找到足够长的跑道。有了这样的跑道或炮管，即使加速度并不高，但只要保持持续的加速，物体就可以达到第一宇宙速度与地球同步运行，或者可以达到第二宇宙速度脱离地球引力，甚至可以达到第三宇宙速度飞出太阳系。

“华为基本法”第二十三条这样写道：“我们坚持‘压强原则’，在成功关键因素和选定的战略生长点上，以超过主要竞争对手的强度配置资源，要么不做，要做，就极大地集中人力、物力和财力，实现重点突破。”

1995 年，华为成立电源事业部，在成立大会上，华为公司监事会主席郭平强调：“电源是大前途的产品，也是公司唯一不受国家直接行政控制的产品。成立电源事业部，是华为公司顺应潮流，利用压强原则，加速发展的结果。”

2017 年，任正非在产品投资评审委员会改进方向会议上指出：“投资方向一定要聚焦主航道，在主航道上的决策权力可以放低一点，非主航道的项目要上报批准。针对不同业务成熟度的情况，决策权力下放要有所调整。成熟的运营商业务在主航道上的决策权力可以放低，尝试中的企业业务领域决策权力可以收高。”①

2018 年，任正非在 Fellow 及部分欧研所座谈会上的讲话中谈道：“华为还是要踏踏实实继续做学问，过去的 30 年，我们从几十人对准一个‘城墙口’冲锋，到几百人、几千人、几万人到 18 万人，都是对准同一个‘城墙口’冲锋，攻打这个‘城墙口’的‘炮弹’已经增加到每年已经接近 150 亿美元到 200 亿美元，全世界很少有上市公司敢于像我们这样对同一个‘城墙口’进行投入。”②

华为在 30 多年的发展历程中，成功地利用了压强原则，在确定性和连续性都较高的主航道持续进行投入，敢于用密集投资缩短追赶时间和延长机会窗开启的时间，利用范弗里特弹药量进行饱和攻击。这也是亚马逊创始人贝佐斯所坚持的“把未来建立在不变的东西之上”的理念。

---

① 任正非 . 聚焦主航道，围绕商业竞争力构建和全流程系统竞争力提升进行投资管理——在 IRB 改进方向汇报会议上的讲话 [EB/OL]. (2017-07-06). http://xinsheng. huawei. com/cn/index. php? app=forum & mod=Detail & act=index & id=3663373 & search_result=2.

② 任正非 . 励精图治，十年振兴——在 Fellow 及部分欧研所座谈会上的讲话 [EB/OL]. (2018-05-15). http://xinsheng. huawei. com/cn/index. php? app=forum & mod=Detail & act=index & id=3926491 & search_result=2.

02 适者生存：寻找确定性和连续性

初衷不改，使命必达：《遥远的地球之歌》

飞向远方

从科幻小说中，我们可以得出如下关于不确定性和不连续性的思考：不确定性和不连续性正是面向未来的科幻小说的想象力的来源，也反映了人类未来命运所必须面对的，在发展方向和发展路径上的挑战。

面向未来，我们既不能像写实小说中的人物那样，只生活在现实世界的苟且之中，而是要不懈地追求诗和远方；我们也不能像玄幻小说中的人物那样，一味天马行空，做没有任何科学依据的妄想；我们更不能像穿越小说中的人物那样，只想着利用人类文明已经发展出的知识，寻找市场空白获得短期利益。

我们应该仰望星空，寻找人类未来发展方向的不确定性；我们还必须脚踏实地，应对人类未来发展的不连续性。人类的探索往往是从恒常状态出发，有时候是被对未来发展方向的好奇心所驱使，更多时候是因为所在的恒常状态被外因打破，不得不离开习惯了的舒适区。离开恒常状态之后，人类首先会进入高不连续性的区域。

例如，人类会失去地球大气层的保护，无法获得来自人类家园的直接补给等。再进一步，人类的宇宙探索会进入不确定性区域，所面对的挑战往往是人类在地球上无法预测的，就需要探索者有应对不确定性的能力，根据情况及时调整发展方向。

更进一步，宇宙探索会进入不确定性和不连续性都非常高的区域，人类可能穿越小行星带，越过柯伊伯带和奥尔特云，飞离太阳系，进入宇宙深处。经过不断探索，人类有可能在太空中寻找到未来新家园所在的方向，从而在众多不确定性的方向中寻找到确定性的目标，并在探索过程中克服所面临的各种不连续性挑战，最终到达未来家园。

在大多数科幻小说中，人类的宇宙探索都是多方向的，航行的目的地往往是不确定的。在很多星际航行开始前，人类并没有特定的目的地，而是向航程可达的可能拥有人类宜居行星的星系前进。

地球之歌

例如，在阿瑟·克拉克的《遥远的地球之歌》中，人类于 1967 年无意间发现太阳的中微子活动反常，这意味着太阳可能在 1 000 多年后爆发成超新星，进而吞没地球。面对这个和《流浪地球》中类似的危机，《遥远的地球之歌》中的人类没有推着整个地球去流浪，而是采取了“播种计划”，用载人飞船把人类文明播撒到其他星系中。[①]

人类的第一艘播种飞船于 2553 年出发，目标是人马座阿尔法 A 星的一颗叫“帕萨迪纳”的行星。在 2786 年，飞船在帕萨迪纳行星登陆的消息传回地球，但由于帕萨迪纳行星的极端天气，人类并没能成功生存下来。

此时，地球已经发射 20 艘播种飞船，将 50 多颗目标行星纳入航程。在这些飞船中，包括一艘于 2751 年启航前往萨拉萨星的飞船，这艘飞船在 3109 年到达萨拉萨星，飞船上的人类成功殖民后向地球发出信号，但后来因为火山爆发摧毁了信号发射装置，从而使他们与地球失去了联系。

地球于 3620 年在太阳爆发中毁灭，此前 3 年，“麦哲伦”号启航，前往萨根二星，并于 3864 年途经萨拉萨星补充水源。“麦哲伦”号上的船员发现人类在萨拉萨星上生活得很快乐，一度打算放弃探索萨根二星的计划。然而，萨拉萨星上可供人类居住的陆地非常狭小。最终，在船长的坚持下，“麦哲伦”号启航，再次踏上远航之路。启航前，萨拉萨星上的人类举办音乐会为远航者送行。人们感觉，无论人类世界拓展到哪里，都能听到这来自同源文明的“地球之歌”。4135 年，“麦哲伦”号抵达萨根二星。

从《遥远的地球之歌》中，我们可以体会到人类进行宇宙探索的两个基本战略方针：方向大致正确，生命充满活力。首先，人类出发之前并不知道，在广袤的宇宙中哪里最适合人类生存，只能有一个大致的方向，前往那些距离太阳系较近的拥有类地行星的恒星系。

---

① 阿瑟·克拉克. 遥远的地球之歌 [M]. 高天羽，译. 南京：江苏凤凰文艺出版社，2018.

其次，人类在漫漫航程中所面临的最大挑战往往并不来自未知的外部环境，而是来自人类自身的局限和内心的迷茫。星际航程所需时间往往远远超过人类的正常寿命，这就使得飞船上大部分人不得不借助冬眠技术推迟自己的死亡时间，用少部分人轮流值守的方式维持飞船的航行。

最后，在漫长的航程中，人类可能会失去达成目标的动力，就像《遥远的地球之歌》中的撒巴拉人因为丧失信心而持续破坏航行那样。此时，作为星舰的舰长，必须初衷不改、使命必达，不畏惧前往萨根二星的漫漫征途，不留恋萨拉萨星上的安逸生活，尽可能多地为人类拓展生存空间。

管理启示录

K 策略和 R 策略

在相对稳定的环境中，生物会选择竞争力最大化的 K 策略，即大型成体，其繁殖数量较少，但后代个体有较强的竞争力，如恐龙、老虎等；在不稳定的环境中，生物会选择增长率最大化的 R 策略，即小型成体，其能够快速繁殖后代，以占领新的环境，如蝗虫、蚊子等，见表 2-1。

在《遥远的地球之歌》和《流浪地球》里，人类面临同样的挑战，太阳将爆发氦闪，但人类采取的策略不同。人类在《流浪地球》里采取的是 K 策略，即把所有赌注都押在地球上，带着地球去流浪。人类在《遥远的地球之歌》里采取的是 R 策略，即尽可能多地派出播种飞船，寻找新的家园。

表 2-1 生物界 K 策略和 R 策略对比

	K 策略	R 策略
气候	稳定，可预测	不稳定，不可预测
发育速度	发育缓慢	发育迅速
体形	大	小
繁殖数量	少	多
死亡	比较有规律	经常发生群体性死亡
优势	竞争力高	生长率高
劣势	面对外部冲击、可能濒危甚至灭绝	个体死亡率高
典型物种	恐龙、人类	蚂蚁、蝗虫

在气候剧变下，最强壮的恐龙灭绝了，而同时代的蚂蚁却生存下来。同样，对于企业来说，在不同环境下要选择不同的生存策略。当市场环境稳定时，可以选择 K 策略，对核心业务投入更多资源以提升市场竞争力，以占领市场、扩大规模；当企业生存面临极度不确定的市场环境，甚至核心业务面临生存危机时，要将 K 策略调整为 R 策略，进行多元布局，通过不断尝试、不断试错，找到新的成长业务，注重提升环境适应能力。

新东方终止学科培训业务后，不断在多个领域进行尝试。在教育培训领域，新东方向非学科教育培训转型，如少儿素质教育、研学教育等。在非教育领域，新东方没有一个确定的方向，平均两天注册一家新公司，覆盖了软件、中介、食品、互联网、直播电商等多个领域。

2021 年 12 月，新东方成立“东方甄选”，进军直播带货。依托抖音平台推荐机制快速聚合流量，通过持续输出优质的泛知识直播内容沉淀流量。2022 年 6 月 10 日起短短一周内，东方甄选的抖音粉丝量从 100 万暴涨到破千万，商品交易总额连续多日破千万元，冲进抖音带货榜前三名。2023 财年上半年（2022 年 6 月 1 日至 11 月 30 日），新东方实现总营收 20.8 亿元，同比增长 262.7%，净利润实现 5.85 亿元，同比增长 207.6%。

风雨同舟，坚毅前行：《流浪地球》

星际大拆迁

与《遥远的地球之歌》不同，人类在《流浪地球》中的星际探索过程有具体的目的地，出发地和目的地分别是前太阳时代和新太阳时代，二者都处于恒常状态（见图 2-1）。在“流浪地球”计划开始前，前太阳时代的地球家园长期处于恒常状态，人类已经习惯了太阳每天东升西落。然而，天体物理学家发现太阳内部氢转化为氦的速度突然加快。经过仔细研究，科学家得出结论，太阳内部的氦元素聚变将在很短时间内爆发，产生一种氦闪现象，之后太阳将变为一颗红巨星，巨大的体积将把地球包含在内，地球将会被太阳的能量气化。[①]

基于这项重大研究的发现，人类开始讨论如何能够延续人类文明。“流浪地球”计划的主要内容是，在全球建设 12 000 台地球发动机，利用矿产资源燃烧产生的巨大动力，将地球推离现有轨道，让地球在新轨道上变速运行，利用木星等巨行星的引力将地球抛向外太空。

① 《流浪地球》收录于《带上她的眼睛》。刘慈欣．带上她的眼睛 [M]. 成都：四川科学技术出版社，2015.

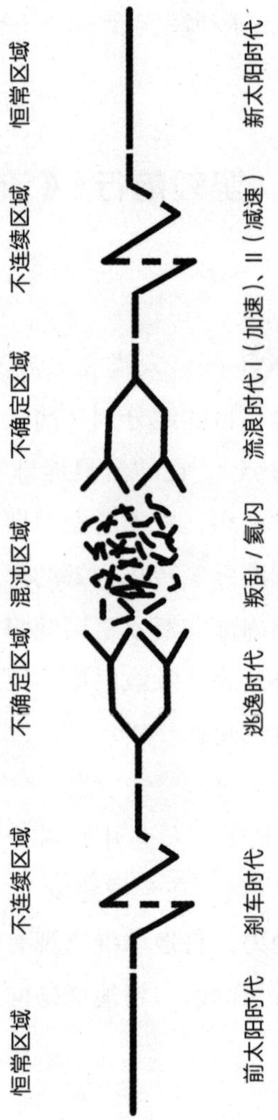

图 2-1《流浪地球》剧情中的不确定性和不连续性

整个计划分为五步：第一步，用地球发动机使地球停止转动，使发动机喷口固定在地球运行的反方向；第二步，全功率开动地球发动机，使地球加速到逃逸速度，飞出太阳系；第三步，在外太空继续加速，飞向比邻星；第四步，在中途使地球重新自转，掉转发动机方向，开始减速；第五步，地球泊入比邻星轨道，成为这颗恒星的卫星。人们把这五步分别称为刹车时代、逃逸时代、流浪时代Ⅰ（加速）、流浪时代Ⅱ（减速）、新太阳时代。

在刹车时代，地球发动机用了42年停止了地球在原有轨道上的转动，中断了数十亿年的自转和公转。随后，地球进入逃逸时代，在巨大的椭圆轨道上绕日运行，气候在近日点时非常炎热，而在远日点时非常寒冷。让人类最为担心的是，地球在近日点附近时，太阳发生氦闪的可能性极大。

书中描述道："人类的精神像是在荡着一个宇宙秋千，更适当地说，在经历着一场宇宙俄罗斯轮盘赌。升上远日点和跌向太阳的过程是在转动弹仓，掠过近日点时则是扣动扳机！"可以说，地球在逃逸时代处于整个逃亡过程中不确定性较高的区域。

逃逸时代的不确定性主要来自两个方面：其一是逃逸的时间窗口是否足够，能否在太阳发生氦闪前逃出氦闪辐射范围；其二是逃逸的方式。在逃逸方式上，人类分为地球派和飞船派，地球派的逃逸方式是在地球上安装地球发动机，推动整个星球逃出太阳系，而飞船派的逃逸方式是建造巨大的星际飞船，让一部分人逃出太阳系。

飞船派同样面临两个不确定性，一是谁有资格上飞船，二是建造多大的飞船才能形成稳定的生态系统。由于这两种不确定性无法解决，最终人类选择了带上地球和大多数人一起出发的"流浪地球"计划。

当地球进行了 15 圈长距离公转之后，险象环生地离开木星引力，达到了逃逸速度，向外太空飞去，此时距离地球出发已过了 4 个多世纪。在一个危机结束后，另一个危机随即到来。有民间科学家通过观察得出结论：现在的太阳和 4 个世纪之前相比没有任何变化。于是，谣言四起，许多人认为科学家和执政当局欺骗了他们，各地出现了大规模起义，世界进入了一种极度混乱的状态。在起义军处死了最后的政府军之后，太阳氦闪爆发了。

太阳氦闪的爆发证实了四个世纪前科学家的预言，地球的未来走向迅速确定了下来。地球发动机将不间断地开动 500 年，到时地球将加速至光速的 5‰，然后以这个速度滑行 1 300 年，之后地球就走完了 2/3 的航程，此后它将掉转发动机的方向，开始长达 500 年的减速，地球在航行 2 400 年后到达比邻星，再过 100 年，它将泊入这颗恒星的轨道，成为它的一颗卫星。

《流浪地球》拍摄了逃逸时代初期，地球逃离木星引力这段时间发生的故事，电影着力描述了地球发动机损毁带来的不确性和不连续性。而《流浪地球 2》则跳出原著，设计了延续人类文明的两种方式，其一是数字生存派，其二是流浪地球派，电影主要渲染了数字生存派和智能计算机 MOSS 在人类逃亡过程中造成的各类危机。如果有《流浪地球 3》，它应该会回到原著的故事线，拍摄人类内部对太阳氦闪的疑虑造成的危机吧。毕竟，现实中的许多不确定性和不连续性根源于人类认知，而非外部环境。

太阳照常升起

从地球家园到新太阳时代，人类文明经历了一个从恒常区域到另一个恒常区域的过程。恒常意味着确定性和连续性。在《三体 2：黑暗森林》的最后一章，三体文明的1379号监听员问罗辑："太阳快落下去了，你们的孩子居然不害怕？"罗辑回答："当然不害怕，她知道明天太阳还会升起来的。"在地球漫长的发展史上，正是太阳每天确定性地东升西落孕育了地球家园缤纷的生命，而造成地球5次大规模物种灭绝的，无一不是来自外太空或地球内部的不确定性冲击。

关于我们所赖以生存的环境，我们必须知道的一个理念是：我们习以为常的环境，往往是不确定的和不连续的。《三体》开篇就介绍了一个著名的"农场主假说"：一个农场里有一群火鸡，农场主每天11点来给他们喂食。火鸡中的一位"科学家"观察了将近一年的时间，发现都没有例外，于是发现了一个伟大的定律："每天上午11点，就会有食物降临。"它在感恩节的早晨向火鸡们公布了这个定律，但所有的火鸡都在这一天被农场主捉去杀了。"农场主假说"也被塔勒布用在《黑天鹅》一书中，用来比喻那些事先无法预测，但事后造成巨大影响的事件，即黑天鹅事件。

当我们身处恒常区域时，需要时刻警惕不确定性和不连续性带来的冲击。在《三体》中，三体文明表现出来的一个与人类文明的明显差异是，他们能够在乱纪元如履薄冰，在恒纪元居安思危，而人类文明则因为贪图安逸和享乐，错失了多次逃出太阳系的机会。

类似的情况在《流浪地球》中也有体现：在地球飞出木星引力范围后，太阳还没有发生氦闪。于是，有人开始认为，那些发现太阳氦闪可能性的科学家和倡导地球逃离太阳系的政治家都另有所图，而最终绝大多数人因为他们在地球流浪过程中所经历的痛苦而选择相信这个说法。于是，坚持主张地球流浪的5 000人被处死了。正在此时，氦闪发生了。人类因为这些人的坚持而幸运地逃出生天，但人类文明可能还需要在未来漫长的时间中，不断重复体验"生于忧患，死于安乐"这个道理。

管理启示录

居安思危

在《流浪地球》中，从科学家预测到太阳氦闪到氦闪的发生，有 4 个多世纪时间。在这 4 个世纪中，人们对氦闪是否真的会发生一直存在疑问。当地球成功离开木星轨道，向太阳系外飞去时，人们仍然没有观察到氦闪的发生，于是质疑达到了顶峰，地球出现了暴乱。在暴乱结束时，氦闪发生了。

有企业家说："做企业就意味着责任。"企业家就是预测氦闪的科学家，他们在企业发展的过程中不断预测可能会出现的危机，思考可能的应对方法。面对危机，大多数企业家不是想着制造一艘太空船自己逃生，而是想方设法带着整个企业生存下去。这像极了《流浪地球》中的领导者，带着整个地球和人类踏上星际之旅。

2001 年，任正非在科以上干部大会上提出了"华为的冬天"[①]。任正非说："10年来我天天思考的都是失败，对成功视而不见，也没有什么荣誉感、自豪感，而是危机感。也许是这样才存活了 10 年。我们大家要一起来想，怎样才能活下去，也许才能存活得久一些。失败这一天是一定会到来，大家要准备迎接，这是我从不动摇的看法，这是历史规律。"在当前情况下，我们一定要居安思危，一定要看到可能会出现的危机。

信天翁在一定程度上代表华为的忧患意识。信天翁是一种

① 任正非 . 华为的冬天——在科以上干部大会上讲解《2001 年十大管理工作要点》[EB/OL]. (2015-07-01). https://xinsheng.huawei.com/next/#/detail?tid=6813945.

大型海鸟，体长超过 1 米，翅膀展开时有 3.6 米。它可以利用海上强劲的风力，顺风向下滑翔，而快接近海面时，又能乘势迎风而起，向上冲去，连续数小时都不需要挥动长翅。信天翁喜欢狂风巨浪的天气，这时它们有力的翅膀能够凭借气流的动力在空中滑翔，而一旦风平浪静，它们便会怅然若失，顿感飞行的艰难。

给岁月以文明，给时光以生命：《三体》

文明的演化

“三体”共有三部：《三体》《三体 2：黑暗森林》《三体 3：死神永生》，三部小说横跨五个纪元和一个后纪元时代。《三体》主要讲的是危机纪元的事情，《三体 2：黑暗森林》主要讲的是威慑纪元的事情，而《三体 3：死神永生》则涵盖了广播纪元、掩体纪元、银河纪元和后纪元时代。

很多人读完《三体》后觉得“脑洞”太大，跟不上节奏，甚至不知所云。实际上，整部的故事主线就是：人类文明和三体文明在不确定性中寻找确定性，在不连续性中创造连续性。图 2-2 可以帮助我们纵览故事中人类文明和三体文明的战略方向和战略执行，理解两个文明如何在不确定性中寻找确定性，在不连续性中创造连续性。

在《三体》中，物理学家汪淼被邀请参加地球防御部队的作战会议，得知三体舰队启航入侵太阳系的消息。在三体舰队启航的时候，地球从此进入未来方向不确定、未来路径不连续的危机纪元。在危机纪元初期，三

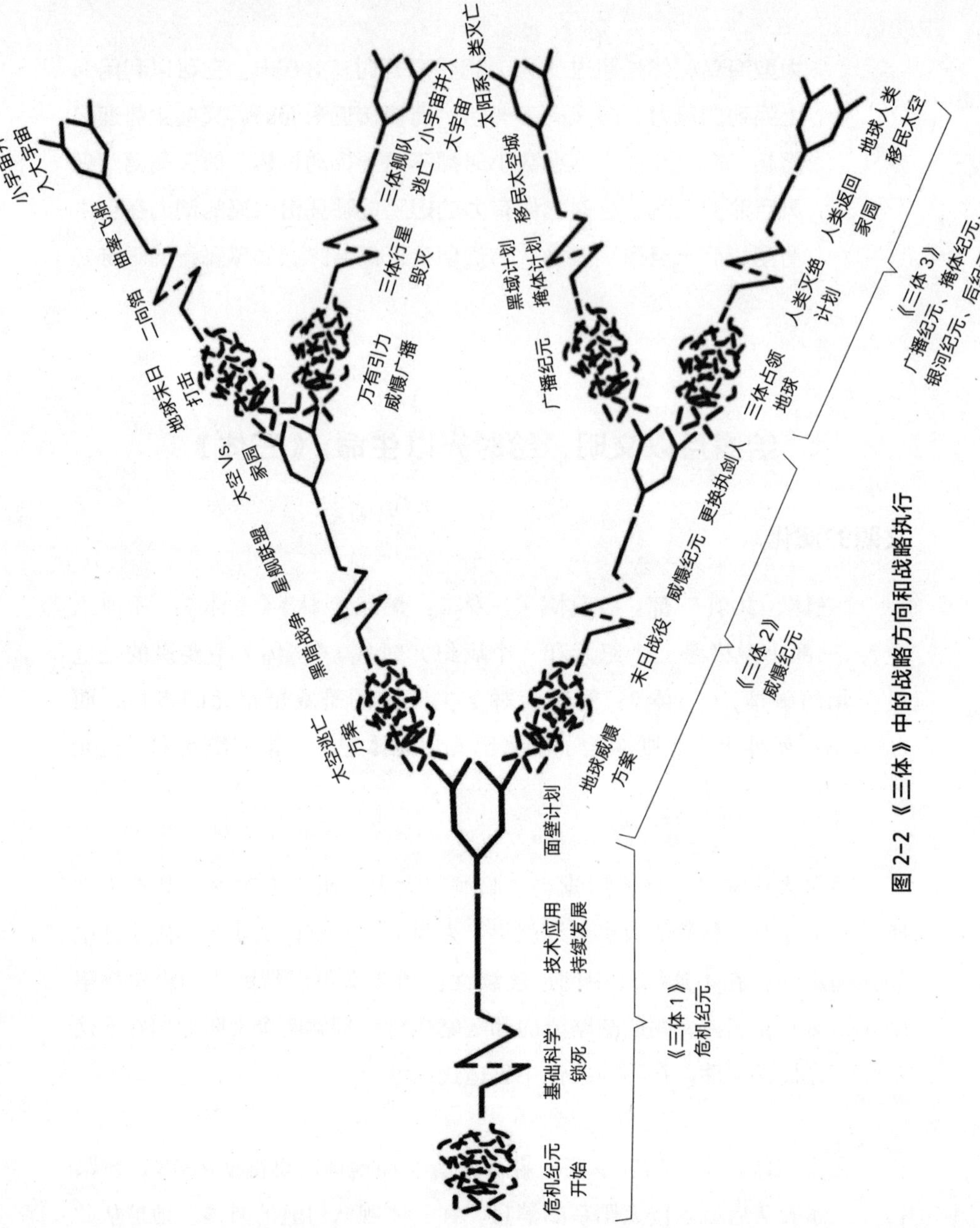

图 2-2 《三体》中的战略方向和战略执行

体对人类最主要的战略打击是锁死人类基础科学的发展路径，手段是利用智子干扰人类高能离子加速器的实验结果，使人类无法取得基础物理学的突破，造成人类基础科学发展的不连续性。

在搞清楚基础科学无法实现突破这一既成事实之后，人类开始尝试利用现有基础科学知识，在既定的发展路径上实现技术突破。例如，虽然人类在量子计算机发展方面的尝试失败了，但仍然能制造出包含 1 000 亿个微处理器的传统结构计算机。

再如，人类在可控核聚变技术方面取得的突破，虽然仍然是基于已有的基础科学，但也能够制造出体形巨大、最大航速可以达光速的 15% 的星际战舰。在危机纪元的 200 年间，人类在技术应用上取得了长足的进步，但在原来的发展方向上走得再远，也无法应对来自新方向的不确定性。为此，人类在危机纪元初期就提出了面壁计划。

人类之所以制订面壁计划，是因为相对于三体文明直截了当的沟通方式而言，人类的思维具有高度复杂性。面壁计划一共有四位面壁者，他们自己想计划，自己做计划，自己实施计划，自始至终不能告诉任何人他们的真实目的。四位面壁者的计划大体上可以分作两类：人类逃亡计划和地球防御计划。

一号面壁者泰勒的真实意图是利用球形闪电，让人类军队量子化，成为"不死战士"，对抗三体入侵。泰勒的计划被破壁人识破后公之于众，泰勒被认为犯下了反人类罪行。

二号面壁者雷迪亚兹的真实意图是在水星建立大量氢弹，以地球毁灭威胁三体放弃侵略战役。雷迪亚兹的计划也被破壁人识破，他最终被愤怒的本国民众打死，计划失败。

三号面壁者是脑科学家希恩斯，他的真实意图是在人类脑中植入失败主义思想，以求人类能够尽全力谋求逃亡计划，争取逃出太阳系。虽然希恩斯的计划失败了，但逃出太阳系始终是《三体》故事的一个主线，而且是最终让人类文明得以保存的方法。

与一号和二号面壁者类似，四号面壁者罗辑制订的也是地球防御计划，他的真实意图是利用太阳的信号放大功能向宇宙广播三体星系的坐标。与另两位面壁者不同的是，罗辑不是要用地球的力量对抗三体，而是要借助宇宙中更高级别文明的力量。然而，在罗辑的威慑计划实施前，地球与三体间发生了末日战役。

在末日战役中，三体只用了一个小小的“水滴”（强互作用力飞行器）就消灭了地球联合舰队几乎所有的星际战舰。人类至此才真正认识到自身和三体文明在科技水平上的差距有多么巨大。末日战役是人类文明发展的一个重要转折点，逃亡和防御这两个战略方向从此分道扬镳。

人类的重生

逃亡计划的基本发展情况是：末日战役后，“蓝色空间”号和“青铜时代”号等七艘战舰向两个方向逃离太阳系，成立了星舰地球，但随后由于战舰之间发生了以生存为目标的黑暗战争，只有“蓝色空间”号和“青铜时代”号这两艘战舰生存了下来，并向两个方向继续航行。

防御计划的基本发展情况是：末日战役后，“水滴”快速冲向地球，到达拉格朗日点，锁死了人类利用太阳发射信号的可能性。此时，三体的星际战舰并没有到达地球，“水滴”暂时只能对地球文明实施一些战略性控制。人类利用这段时间进行了雪地工程，而罗辑通过参与这个工程巧妙地构建了新的威慑信号发射系统。在《三体 2：黑暗森林》的最后章节，罗辑来到了第一个与三体联系的地球人（叶文洁）的墓碑旁，与三体对话，建立了对三体的威慑系统，成为第一位执剑人，为地球带来了 60 年的发展机遇。

至于逃出太阳系的两艘战舰，由于地球威慑系统的建立，“青铜时代”号决定返回地球，但在返回后被判犯有反人类罪。“蓝色空间”号在得到这一消息后，继续向宇宙深处航行，延续了人类的逃亡计划。随后，地球派出了具有引力波广播功能的“万有引力”号追击“蓝色空间”号，为逃亡计划的发展带来了新的变数。

变数不仅存在于人类的逃亡途中，而且更大的变数发生在人类的地球家园。在威慑纪元第 61 年，人类认为执剑人罗辑已经成为一个独裁者，需要把执剑人更换成一位有爱心的人。于是，程心成为第二代执剑人。然而，在程心接过控制器的那一刻，隐藏在太空中的三体“水滴”开始向地球冲来，只用了 15 分钟就摧毁了整个威慑系统。

至此，地球在三体面前毫无防御能力，三体开始利用智子实施人类灭绝计划，强迫所有人类迁徙到澳大利亚，并断绝粮食补给，企图让几十亿人相互残杀。在这千钧一发的时候，三体忽然中断了人类灭绝计划，撤走了地球上的智子和“水滴”，尚在途中的三体舰队也转向飞离太阳系。

原来，在三体“水滴”摧毁地球上的威慑系统的时候，跟随“蓝色空间”号和“万有引力”号两艘人类飞船的三体“水滴”也发动了攻击。但由于“蓝色空间”号上的人碰巧进入了四维空间，从而掌握了击毁存在于三维空间的“水滴”的能力。随后，“万有引力”号发出了引力波广播，向宇宙所有文明公布了三体星系的位置。由于太阳系和三体星系的相对位置已知，太阳系也面临着被高等级文明打击的风险。所以，三体文明离开了太阳系，给地球文明留下了喘息的时间。

地球的末日

在“万有引力”号发出引力波广播后，人类文明进入广播纪元。三体文明首先遭到来自高等级文明的“光粒”打击，三体星系中的一颗恒星和三体行星同时被毁灭，逃出三体星系的三体人不到总人口的1‰。逃向宇宙深处的三体人逐渐和地球人失去了联系，直到程心和关一帆在蓝星上得到云天明赠送的小宇宙时，才知道三体文明已经达到在现有宇宙之外制造小宇宙的水平。后来，程心和关一帆在宇宙重启广播中听到了三体人语言，说明三体文明也幸存到了宇宙末日。

地球人类在三体的智子离开地球后，从澳大利亚返回原住地，延续着地球文明。然而，面对随时可能到来的高等级文明的打击，地球文明实施了掩体计划，主要内容是：向太阳系外围的类木行星迁移，在这些行星背对太阳的一面建立太空城，利用类木行星庞大的体积减缓“光粒”打击太阳造成爆发所产生的冲击力。

值得庆幸的是，在外太空文明打击到达太阳系之前，人类已经基本完成了掩体计划，大多数地球人迁徙到太空城中。不幸的是，外太空文明并没有使用“光粒”打击太阳系，这次使用的清理工具叫作“二向箔”。“二向箔”在太阳系展开，可以把附近的所有三维物质降维为“二维”，即使人类躲在类木行星的背面也无法改变被降维的命运。当整个太阳系被“二向箔”降维后，太阳系中的人类文明毁灭了。

此时，仅有程心和艾 AA 两位女士乘坐人类唯一的一艘曲率光速飞船逃离了太阳系。她们在茫茫外太空航行到达另一个恒星系，并遇到了之前离开地球的两位男士。由于阴差阳错，相爱的人并没有能够在一起。然而，人类文明终究得以延续到了宇宙重启的一刻。

从图 2-2 中，我们可以清楚地看到《三体》的故事虽然复杂，但本质上是沿着不确定性和不连续性这两个维度展开的。和所有科幻小说一样，《三体》所揭示的文明延续法则是：在不确定性中寻找确定性，在不连续性中创造连续性。用《三体》中的名言概括就是：给岁月以文明，给时光以生命。

管理启示录

文化的胜利

在《三体》中，人们在经历大低谷后，认为眼下的生活比未来的生存更重要。于是，就有了那句“给岁月以文明，而不是给文明以岁月”。这句话来自帕斯卡的“给时光以生命，而不是给生命以时光”。

“给时光以生命”的重点是生命，时光是死寂的，是生命给时光带来了活力，带来了色彩，带来了生机，它在告诉人们让自己的每一天都过得有意义、有生机，无所谓生命的长短；而“给生命以时光”的重点则在时光上，可能为了让生命继续存活下去而丢掉了生命本该有的生机与活力，这样的生命即使有了时光，也不过是活着的死尸。

文化是组织的灵魂，组织的发展需要文化的引领和支撑，是文化给组织带来的活力，让组织的存续有意义。同时，文化需要在组织的发展过程中成长和变化，而不是将创始人的理念和想法强加到组织上。换句话说，应该是“给组织以文化，而不是给文化以组织”。

在创立华为初期（1997 年），面对极端短缺的资源困境，任正非讲过一个观点[①]：资源是有限的，唯有文化生生不息。任正非说：“人类所占有的物质资源是有限的，总有一天石油、煤炭、森林、铁矿……会开采光，而唯有知识会越来越多……以色列这个国家是我们学习的榜样……他们的资源就是有聪明的脑袋，他们是靠精神和文化的力量，创造了世界奇迹。”

“华为公司有什么呢？连有限的资源都没有，但是我们的员工都很努力，拼命地创造资源……为了能生存下来，我们的研究与试验人员没日没夜地拼命干，拼命地追赶世界潮流，他们有名的垫子文化，将万古流芳……在任人唯贤与任人唯亲相结合的干部制度下，造就一个融合的管理队伍的团队。我们说这个任人唯亲就是指认同华为文化，而不是指亲属。”

自 2014 年以来，极少做形象广告的华为，每年都会推出新的企业形象广告，形成了一个系列。从 2014 年“学术扫地僧”中科院院士李小文开始，到 2015 年美国摄影艺术家亨利·路特威勒的摄影作品《芭蕾脚》，再到 2016 年的“厚积薄发”系列，

① 任正非 . 资源是会枯竭的，唯有文化才能生生不息——在春节慰问团及用服中心工作汇报会上的讲话 [EB/OL].（1997-03-20）https://xinsheng.huawei.com/next/#/detail?tid=6793157.

即《刚果河上的捕鱼人》《赛场上的乔伊娜》《上帝粒子——希格斯玻色子》，华为形象广告展现着它的企业文化内涵。

“学术扫地僧”表示“板凳要坐十年冷”；《芭蕾脚》告诉我们“有一种风光叫沧桑”；《刚果河上的捕鱼人》告诉我们要始终扑在客户需求的最前线，时刻应对客户的问题和风险；《赛场上的乔伊娜》告诉我们成功是一生心血的厚积薄发；《上帝粒子——希格斯玻色子》告诉我们华为关注基础科学研究，要回答科学技术的终极问题。

孩子失去大人，世界将会怎样：《超新星纪元》

成人的危机

《超新星纪元》描写了这样一个故事：距离地球 8 光年的一颗恒星走到了生命的尽头，恒星中心所有的氦在一瞬间产生了核聚变，氦闪的强光经过 8 年时间来到了太阳系，照亮了地球。氦闪带来的高能射线破坏了人体细胞的染色体，这种伤害对于成年人是不可修复的，全世界的成年人大约只剩 10 个月到 1 年的生存时间了。然而，高能射线对于 13 岁及以下的孩子伤害不大。这就意味着，1 年以后世界上将没有成年人，只剩下最大 14 岁的孩子。人类需要在 1 年内完成代际传承。[①]

于是，一些刚从小学毕业的 13 岁孩子们被召回学校，然后集中到北

① 刘慈欣. 超新星纪元 [M]. 重庆：重庆出版社，2016.

京西山的一大片空地上。一共 24 个班级的孩子们被分配到 24 块土地上，他们被要求在这里建立起自己的国家，模拟进行国家内部事务管理、对外贸易、解决国际纠纷等。15 天后，一部分表现突出的孩子被选拔出来，成为这个国家未来领导人的候选人，跟随现任国家领导人学习治国理政。

在接下来的一段时间内，作为候选人的孩子们认识到了这个国家的庞大，理解了一个国家每天所需消耗多少生活物资，他们甚至观摩了军事演习，学习了如何指挥一场大规模战争。其他的孩子则跟随父母学习相关的技能，准备接手不久之后没有成年人的世界。最后，在大人们的监督下，孩子们领导的国家进行了试运行，结果出人意料地顺利，从成人世界到孩子世界的过渡令人难以置信地平稳。

在最后告别的时刻，成年人集中到他们最后的基地去迎接死亡，把整个世界留给了孩子们，世界人口锐减到原来的 1/5。超新星纪元开始。超新星纪元第 8 分钟时，指挥中心的电话响起，一个来自上海的男孩问："有大人吗？"指挥中心回答："这里没有大人，哪里都没有大人了！"

孩子的世界

无数电话呼叫指挥中心，孩子领导者们忙乱地接听着电话，直到大屏幕上出现最新一期国情报告：超新星纪元 1 小时 11 分，各级政府和行政机构运转出现异常，电力系统异常，城市供水系统异常，城市供应系统、服务系统和售后保障系统已完全瘫痪，铁路和公路系统已中断，民航系统完全瘫痪，社会秩序混乱，城市中由惊恐引发的集体骚乱急剧增加。目前全国孩子中有 8% 处于疾病之中，23% 缺少食物，72% 缺少卫生饮用水，11% 缺少衣物，以上百分比都在急剧增加。

紧急关头，孩子领导者们启动了“大量子计算机”，让计算机自动处理紧急情况，维护各种生活生产设施的运行。世界慢慢地恢复了正常，新世界迎来了第一次日出。

在超新星纪元的头两个月里，孩子们努力工作致力于使一切都进入正轨。两个月后，孩子们的心态发生了变化，很多孩子都感到累、无聊和失望。逐渐地，孩子们都聚集到网上，形成了一个虚拟的新世界，社区成员接近两亿。孩子领导者们决定召开一次全国大会，持有相同意见的孩子被计算机合成为虚拟公民，每个虚拟公民都代表一个特定的孩子群体。

全国大会最终的结论是：大人们制订的五年规划没有意思，孩子们自己制订了一个有意思的五年规划，建立了一个好玩儿的虚拟国家。虚拟国家实际上是一个虚拟世界里的大游乐场，这个方案得到了绝大多数孩子的支持，只有极少数孩子认为需要继续进行食物等的生产，但他们的意见被淹没在键盘和语音输入的海洋中。

于是，孩子世界在经历了“惯性时代”后，进入了“糖城时代”。一开始，部分大孩子还坚持工作，只是工作后不再学习。后来，有工作的大孩子们也不工作了。他们开始尽情地玩耍，上网、逛街、吃喝。当大人们留下来的东西被消耗得差不多之后，配给制开始了。于是，孩子们每天在配给点领完吃的之后，就回家睡觉。

在孩子们开始“躺平”后不久，联合国召开了一次由各国孩子领导者参加的会议。美国的孩子领导者在会议上提议，以国家为单位在全世界范围内玩打仗游戏。经过一番争论，大家决定在南极洲玩这个游戏。孩子们在进入战场前宣誓：严守游戏规则，否则愿意接受一切惩罚；为使游戏刺激、好玩，尽自己的责任，绝不给对手丝毫的怜悯！于是，一场世界大战爆发了……

《超新星纪元》的故事核心是超新星爆发把所有成年人都杀死了，而失去成年人的孩子们对这个世界自有一套想法。前任国家领导人在把国家交给孩子们的过程中，虽然费尽心思培养孩子们成为国家领导者，也建立了各级管理机构，但没有从孩子的角度思考孩子们眼中的世界会是什么样的。

换句话说，成年人试图交给孩子们一个遵从成年人规则的世界，而不是遵从孩子规则的世界。结果，在孩子们的自由平等天性面前，孩子领导者们无法控制事态的发展。于是，这个世界在从成年人手中转移到孩子手中的过程中，产生了严重的不连续性。最终这个世界虽然还是延续了下去，孩子们终于长大了，但小说揭示的成人与孩子对世界看法的差异的确值得我们深思。

《超新星纪元》的故事跌宕起伏，但实际上，我们现在看到的版本并不是刘慈欣最初的版本。在这本书 1991 年的版本中，成年人受到超新星射线辐射后，最多只能再活 48 小时。当成年人开始大批死亡后，整个世界陷入了大规模骚乱。然而，当成年人得知孩子们会存活下来后，世界安静了。每个成年人都接受了必然死亡的命运，转而享受最后的时光。这个情景像极了“给时光以生命，而不是给生命以时光”。

现实中，危机降临的情况可能更像 1991 年的版本，而不是后来版本中，大人们有一年时间，可以从容不迫地进行代际传承。从危机应对的逻辑看，每一个文明体、每一个国家、每一家企业，甚至每一个人，都需要有向死而生的态度，把每一天都看作最后一天，随时准备好代际传承，时刻为最坏的情况做好准备，这样当危机真正来临时才能从容应对。

管理启示录

关键岗位轮值制度

任何一家企业做大了以后，都容易滋生“三大毒瘤”和“一个风险”。第一个毒瘤是山头主义，很多干部拥兵自重，搞自己的利益群体；第二个毒瘤是高层干部有了资源和权力后，容易滋生腐败；第三个是高层干部的惰怠，而且惰怠会像传染病一样，让整个组织失去活力。一些创始人为了控制这“三大毒瘤”，往往亲自掌控企业的主要权力，形成一个强力领导核心，但这又会带来“一个风险”，即创始人本人出事或离世给企业带来的不连续性。为了克服这些大企业病，企业可以采取关键岗位轮值制度。

1996 年初，华为正式开始实行轮岗制，著名的“市场部集体辞职”事件，就是轮岗制的开端。除了少数几人之外，高管层也几乎全部加入了轮换的队伍中，主管技术的郑宝用被调到了后勤部门，主管研发的李一男被派去了子公司。任正非希望通过这样的岗位轮换制度，保持干部的斗志。

在接班人的问题上，任正非希望通过 CEO 轮值制度[①]，从华为内部培养最合适的接班人。华为的 CEO 轮值制度是由 EMT（Executive Management Team）经营管理团队演变而来的。2003 年下半年，基于建立集体决策机制和培养接班人的双重考虑，任正非在 IBM 顾问的帮助之下建立了 EMT 经营管理团队。由 8 位 EMT 成员集体决策，轮流出任主席，每人半年。8 年之后，随

① 任正非．董事会领导下的 CEO 轮值制度辨 [J]. 华为人，2012，248.

着华为接班人问题的关注度日益提升，CEO 轮值制度正式诞生：由三位副董事长：郭平、胡厚崑、徐直军轮流担任首席执行官一职，每六个月轮换一次，同时任正非保留华为 CEO 职务，对董事会的决定有否决权。

对于 CEO 轮值模式的实质，任正非解释称，华为的交接班，是要建立一个文化、制度、流程的交接班，通过轮岗，轮流支撑公司发展，而不是要交接给某一个人。不管谁来干，都不会改变公司的核心价值观。

华为的 CEO 轮值制度是从《会飞的水牛》一书中获得的灵感。在书中，两位作者探讨了迁徙鸟类是如何飞越大西洋的：像大雁一样，候鸟群会排成人字形队伍，由头鸟带领着整个队伍，但带头的并不总是同一只鸟，而是由一些鸟轮流带领整支队伍飞越海洋，队伍中每一只鸟的位置都会有所变化。

华为采用这种接班模式既能充分发挥集体的智慧，减少个人专断、失误带来的公司僵化，又能避免将权力高度集中在一个人手中带给企业的风险，以保证公司决策的合理性以及方向的正确性，这不失为一种明智的决策。同时，在轮值的过程中，每一位轮值 CEO 都能够不断地接受洗礼和挑战，不再仅局限于内部的建设与运作，而是将目光投向更远、更广阔的世界。

CEO 轮值制度很好地避免了“成也萧何，败也萧何”的窘境，不会将成败系于一人。每个轮值 CEO 在值期间，都会努力牵引公司前进，即使有人有所偏颇，也会被下一轮的轮值 CEO 纠正过来，不会使问题积累过重而难以解决。

03 星辰大海：方向大致正确，生命充满活力

“自然选择，前进四！”

第五位面壁者

在危机纪元初期，章北海被任命为建造中的“唐”号航母政委。由于三体文明入侵威胁已然明晰，航行在地球海洋中的航母失去了必要性，“唐”号航母的建造终止了。后来，章北海加入太空军，成为亚洲太空军的一名政工干部。在工作中，章北海注意到，越来越多的太空军成员存在失败主义思想。于是，他向太空军领导提出“增援未来计划”，内容是派出一批政工干部进入冬眠，并在末日之战时苏醒，加强未来太空军的思想工作。

进入冬眠之前，章北海在太空站实习了一段时间，在此期间，他用陨石做成的子弹射杀了三位支持传统推进技术的科学家，促使人类的太空技术转向了核聚变辐射飞船方向。末日之战即将到来，章北海等一批增援未来的特遣队员从冬眠中醒来，并被赋予太空战舰执行舰长的权力。

章北海登上了一艘名为“自然选择”号的太空战舰。在熟悉了战舰操作流程并掌握战舰指挥权之后，章北海没有一分钟的犹豫，果断命令所有船员进入高速航行准备状态，并发布了“自然选择，前进四!”的命令。

这个命令意味着“自然选择”号在末日之战开始之前全速驶离了战场，这个行为在其他人看来无异于临阵脱逃。在指挥“自然选择”号远离战场后，章北海向太空军司令部报告了情况。面对指责，他坚定地说：“目前我仍坚信，‘自然选择’号处在正确的航向上。”在把指挥权交给原舰长东方延绪时，章北海又说了一句话：“没有永恒的敌人或同志，只有永恒的责任。”

在“自然选择”号离开后不久，人类的2 000艘太空战舰都被三体文明派出的一个“水滴”击毁了。此时，人类仅剩下了包括“自然选择”号在内的七艘太空战舰。这七艘战舰分为两组，向太阳系外的两个相反方向高速驶离战场。章北海受到了他所在舰队编组的五艘战舰上的所有人的拥戴，但他拒绝成为这些人的领导者，仅保留了“自然选择”号执行舰长的权限。

没关系的，都一样

在此后的一段时间，战舰上的心理学家原本认为很多人会患上思乡症，但这种情况实际上没有发生。究其原因，是因为地球注定毁灭，过去已成不连续，已经无乡可思了。于是，所有人都把眼光看向未来，思考未来的不确定性。

不久之后，五艘战舰上的人都意识到，要想到达遥远的目的地，每艘战舰的燃料和配件都不足。只有把所有战舰上的燃料和配件都集中起来，并且消灭其他战舰上的人，剩下的人才可能到达目的地。章北海正是早早地意识到了这一点，才不愿意成为五艘战舰共同的领导人，因为他知道，战舰之间必有生死一战。

接着，黑暗战役爆发了。章北海经过一番犹豫后，还是把“自然选择”号上的次声波氢弹调整到激发位置，但比另外一艘战舰晚了几秒钟，最终幸存下来的是“蓝色空间”号。在导弹来袭警报响起后，章北海说了一句话：“没关系的，都一样。”

让我们回顾一下章北海的四句话。第一句是“目前我仍坚信，‘自然选择’号处在正确的航向上”。章北海之所以能够成为增援未来计划的提出者和重要参与者，是因为他有坚定的信念。这个信念，在外人看来是坚定的必胜信念，但实际上却是坚定的必败信念。通过对人类文明和三体文明的对比分析，章北海认为人类在末日战役中必败，人类文明延续的唯一方法是向外太空发展。由于逃亡主义不被大多数人接受，章北海不得不选择自己驾驶战舰远离战场。对于章北海而言，远离即将被三体控制的地球就是正确方向，至于驶向何方，太空茫茫，前路漫漫，方向大致正确即可。

章北海的第二句话是“自然选择，前进四!”，这句话包含着章北海跨越几个世纪的信念和抉择。在小说中，章北海虽然不是面壁者，但他实际上承担了面壁者的责任。从计划的制订，到计划的执行，章北海和罗辑一样，都是自己的破壁人。他们二人还有一个共同特点，就是在执行计划时毫不犹豫，果敢而坚定。

章北海的第三句话是“没有永恒的敌人或同志，只有永恒的责任”。这句话改编自“没有永恒的朋友或敌人，只有永恒的利益”。对于个人、企业或国家这些利益主体而言，的确只有永恒的利益。而章北海说的“责任”是人类文明延续的责任，与这个永恒的责任相比，包括人类和外星文明在内，都不是永恒的敌人或同志。在《三体》中，我们还可以看到，为了延续人类文明的责任，罗辑既可以和智子成为生死仇敌，也可以坐下来煮茶论道。对于所有的人之父母、优秀的企业管理者和卓越的国家领导人而言，的确没有永恒的利益，只有永恒的责任。

章北海的第四句话是“没关系的，都一样”。他说这句话时，“自然选择”号即将被次声波氢弹攻击，所有人都将死亡，但章北海相信总有一艘战舰可以幸存，这将是文明的种子、人类的希望。无论是谁幸存下来，都将背负起传承人类文明的永恒责任。所以说，没关系的，都一样。

在《三体》中，章北海是一位兼具战略谋划能力和执行能力的代表性人物。面对危机，我们往往无法确定地把握未来方向。然而，我们却往往可以确定地找到一些不可行的方向。例如，面对三体文明的威胁，在地球家园苟延残喘注定是个死局。因此，这个死局的对立面很可能就是生局。于是，章北海放弃了地球，选择了太空。

跨越时间，我们往往无法保证未来路径的连续性。然而，我们却可以保持坚定的信念，依靠充沛的生命活力和执行力，在不连续性中寻找到连续性。在太空人类的黑暗战争中，由于资源不足造成了未来路径的不连续，但人们通过适者生存的方法实现了“自然选择”，开辟了人类未来的“蓝色空间”。

管理启示录

方向大致正确，组织充满活力

无论是科幻小说中的人类文明延续，还是地球上的物种演化，抑或是企业的创业和创新发展，都遵循这样一个“在不确定性中寻找确定性，在不连续性中创造连续性”的规律。在不确定性中寻找确定性，在不连续性中创造连续性，需要做到“方向大致正确，生命充满活力”（见图 3-1）。

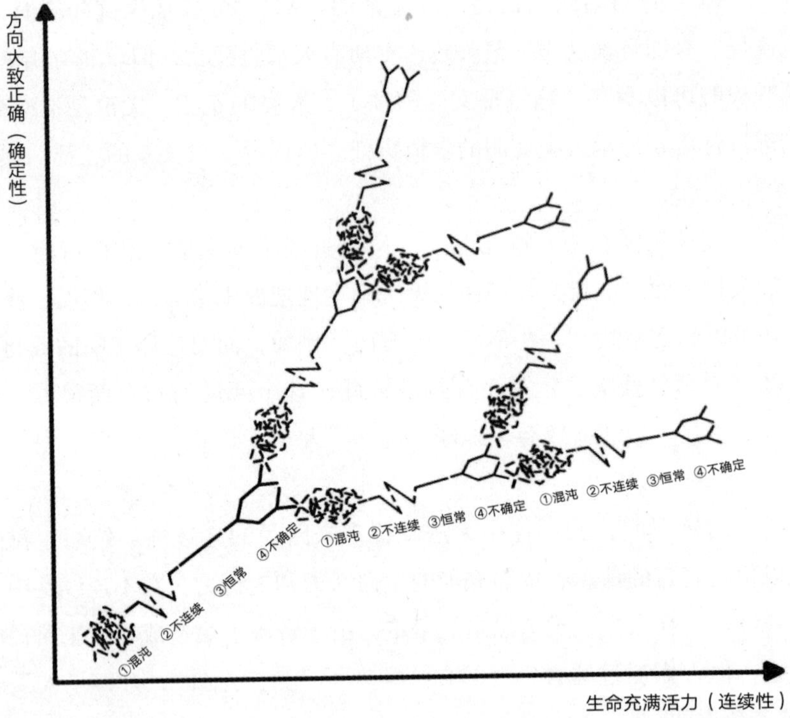

图 3-1　方向大致正确，生命充满活力

方向大致正确，体现了在重大的战略选择面前，个体很难掌握所有的要素和完全看清要素之间的关系，从而真正的“见终局”。所谓“见终局”，通常只是把握事物发展的大致方向。例如，《三国演义》中说“天下大势，合久必分，分久必合”，基于此，诸葛亮在《隆中对》中对刘备说：“……诚如是，汉室可兴，霸业可成矣。”然而，这里的“诚”并不代表百分百的确定，“是”也不代表考虑了所有因素。于是，刘备的霸业成了曹操的霸业，后来魏又成了晋。

组织充满活力，意味着在漫长的战略实施过程中，个体很难具备所有需要的能力，但个体必须在整个战略过程中保持活力。《三体》中的三体文明在能力方面一直胜过人类文明，但由于其不稳定的外部环境和集权化的社会结构，三体文明的发展一直是匀速状态。人类文明虽然在能力方面不如三体文明，但由于人类社会稳定的外部环境和个体间的多样性，文明具有较高的活力。在宇宙文明漫长的发展过程中，“活力”远比“能力”更重要，或者说“生命力”远比“能力”更重要。

与“方向大致正确”相比，“生命充满活力”的挑战更大。这一点，在《三体》中体现得尤其明显。“方向大致正确”体现在人类找出的很多个战略方向中总能包括正确的方向；可惜的是，人类总会放弃最正确的战略方向，而总是在错误的方向上走得最远。人类之所以在宇宙中最终还能存续下来，主要是因为几位看到大致方向的人的“生命充满活力”，能够像小说中的角色托马斯·维德所说的那样，“前进，前进，不惜一切地前进”。

在《三体》中，刘慈欣对人类的命运设定是比较悲观的。

由于各利益集团甚至是个体之间存在着难以调和的利益矛盾和冲突，人类往往在战略关键点选择了错误的战略方向。而更多的情况是，人类选择的战略方向大致正确，甚至是非常英明的，但在战略执行的关键环节屡次出现问题。有时候是像罗辑这样的执剑人被程心替换，有时候是因为追求完全的公平而放弃了建造光速飞船的计划。总之，在《三体》的阅读中，我们经常为人类“一手好牌打得稀烂”而扼腕叹息。

在华为公司 2017 年 6 月的战略务虚会上，任正非以“方向要大致正确，组织要充满活力”为题发表讲话[①]。他说：“一个公司取得成功有两个关键：方向要大致正确，组织要充满活力。这里大致正确的‘方向’是指满足客户长远需求的产业和技术……未来智能社会是万物感知、万物互联、万物智能，华为应以万物互联为基础。”这里充满活力的组织是坚持开放、合作、共赢，坚持厚积薄发，追求持续领先的组织。

战略务虚会后，华为公司以总裁办电子邮件的形式转发了华为蓝军部潘少钦的《为什么方向只能大致正确，而组织必须充满活力？》一文。文章指出，一个公司在漫漫征途中，没有方向肯定是不行的，但要求方向绝对正确，是完全不切实际的。在方向不能保证完全正确，最多只能大致正确，甚至有的阶段还会出现偏差的情况下，要想夺取战略胜利，组织充满活力就分外关键。

任正非曾用舞龙比喻做事业，他说：“做事业就像舞龙，龙

① 任正非．方向要大致正确，组织要充满活力——在公司战略务虚会上的讲话 [EB/OL].（2017-10-31）.http://xinsheng.huawei.com/next/#/detail?tid=6794631.

头要抬起来，这就是方向，大致要正确，更重要的是随后龙身子要舞动起来，要有力，整个龙才能舞起来、活起来。”阿里巴巴的前首席执行官张勇也曾说：“大部分今天看来成功的所谓战略决策，常常是偶然的被动选择。之所以能够成功，只不过是决策者和执行者奋勇向前罢了。”

战略家克劳塞维茨曾说：“面对战争中的不可预见性，优秀的指挥员必备两大要素，这两大要素在和平时期一个也看不出来，但在战争时期绝对管用。第一，即便在最黑暗的时刻也具有能够发现一线微光的慧眼。第二，要具有敢于跟随这一线微光前进的勇气。”

在《三体》的众多人物中，罗辑、章北海和托马斯·维德应该是最符合这一句话的人类了。在企业中，华为、亚马逊、IBM 等企业也是践行“方向大致正确，组织充满活力”的标杆。企业家，既是面壁者，也是自己的破壁人。作为面壁者，企业家要找出企业发展“大致正确的方向”；作为自己的破壁人，企业家要坚持让“组织充满活力”的路径。

蓝色空间：孤独远航

星舰地球

在地球联合舰队与三体展开的末日之战中，地球派出了 2 000 多艘星际战舰拦截来自三体的“探测器”。地球联合舰队在这个叫作“水滴”的物体攻击下全军覆没，地球也即将被三体舰队所占领。所幸的是，战役爆发前，“自然选择”号在执行舰长章北海的命令下高速驶离了战场，而包括"蓝色空间"号在内的4艘星际战舰奉命追击"自然选择"号。末日战役后，幸存的5艘战舰组成了星舰地球，开始了"方向不确定，路径不连续"的远航（见图3-2）。

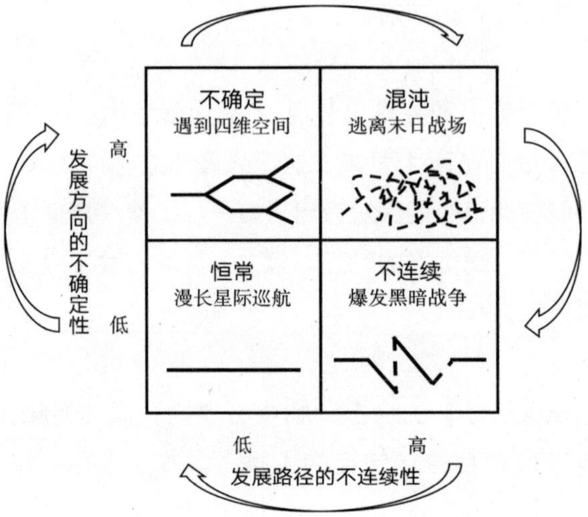

图 3-2 "蓝色空间"号航程中的不确定性和不连续性

星舰地球组建之初就得知，地球联合舰队已经毁灭，地球已被"水滴"控制，他们无法返航。在战舰领导层讨论之后，决定前往天鹅座方向的NH558J2恒星补充燃料。NH558J2恒星距离太阳系18光年，按照星舰地球5艘战舰的航速，大概需要2 000年才能到达，考虑到航程中星际尘埃的阻力作用，甚至可能需要数万年。然而，由于仓促出航，5艘战舰所携带的燃料和备用配件都不足，也无法维持所有人生存需要的生态系统。

此时，虽然航行方向已确定，却无法达到目标。在"黑暗森林法则"的作用下，5艘战舰之间爆发了黑暗战争，开始了自相残杀。最终，"终极规律”号用次声波氢弹消灭了除“蓝色空间”号之外的 3 艘战舰上的人，而“蓝色空间”号则击毁了“终极规律”号，并收集了所有物资，开始了自己的漫漫星际航程。

万有引力

在末日战役中，另外两艘战舰（“青铜时代”号和“量子”号）由于提前进入高速航行的“深海状态”，也侥幸逃脱了“水滴”的攻击。随后，两艘战舰之间也爆发了互相残杀的黑暗战争，“青铜时代”号获得了远航所需的物资开始逃离地球。此后不久，面壁者罗辑启动了威慑方案，取得了对三体的威慑平衡，地球开始呼唤“青铜时代”号和“蓝色空间”号返航。“青铜时代”号相信了地球人的承诺，但在返回地球后被宣判犯有反人类罪。“蓝色空间”号在收到“青铜时代”号船员的警告后决定继续向宇宙深处航行，而地球派出了“万有引力”号追击“蓝色空间”号。

当“万有引力”号快要追上“蓝色空间”号的时候，随行的“水滴”开始向两艘人类星际战舰发起攻击。千钧一发之际，“蓝色空间”号的船员误入了四维空间，击毁了存在于三维空间的“水滴”。于是，生存于三维空间的人类文明与存在于四维空间的“魔戒文明”发生了接触。从此，人类文明开启了探究高维文明的窗口。

从“蓝色空间”号的远航过程中，我们可以得出这样一个结论：许多伟大的事件都是由一些细微和突发的因素诱发的。事件在发生初期，发展方向不确定，发展路径不连续，就好比“蓝色空间”号等战舰的启航那样（见图 3-2 右上角象限）。随着事件的发展，方向开始逐渐清晰，事件主体在不确定的方向中找到了确定性，然而，发展的路径仍然不连续，就好比发生在“蓝色空间”号和其他战舰之间的末日战役那样（见图 3-2

右下角象限）。

随着事件继续发展，路径的不连续性被克服，事情沿着既定的发展方向前进，正如“蓝色空间”号获得充沛补充物资之后踏上远航之路（见图 3–2 左下角象限）。再往后，外部环境可能再次发生变化，不确定性上升，事件参与主体需要进行新的战略方向选择（见图 3–2 左上角象限）。例如，“蓝色空间”号和“万有引力”号汇合之后，向宇宙发出了三体星系位置的坐标，从而引发了三体星系和太阳系相继被宇宙中高等级文明灭绝的一系列事件。

在“万有引力”号发出引力波广播之后，地球文明再次进入“方向不确定、路径不连续”的混沌状态。地球人类不知道“黑暗森林”打击从哪里来，以何种形式来，什么时候来（见图 3–2 右上角象限）。随后，“黑暗森林”打击降临，太阳系在二向箔的作用下被毁灭，人类即使躲在太空城里也没有能够生存下来，人类文明的主体消失（见图 3–2 右下角象限）。

在危机的最后时刻，程心和艾 AA 乘坐光速飞船逃离太阳系，为人类文明的延续留下了一丝希望（见图 3–2 左下角象限）。再往后，程心和艾 AA 到达蓝星后遇到关一帆，程心和关一帆出发考察另一个行星，但因为遇到低光速黑域而被困在蓝星之外。等他们回到蓝星，时光已过去 1 800 万年，艾 AA 和云天明在一起度过了幸福的一生，而程心和关一帆则在云天明留给他们的小宇宙中继续生活（见图 3–2 左上角象限）。

最后，程心和关一帆的小宇宙回归大宇宙。大宇宙将在一片混沌中重启，人类文明的前途未卜（见图 3–2 右上角象限）。

可见，无论是“蓝色空间”号，还是人类文明，甚至是宇宙本身，其发展规律都是从混沌，到不连续，再到恒常，最后到不确定的循环过程。宇宙从创生到死亡，文明从出现到消失，都遵从着在混乱中寻找秩序，在秩序中产生混乱，然后在混乱中形成新的秩序的规律。

管理启示录

活下去，是企业的硬道理

《三体》中的宇宙社会学第一条法则是：生存是文明的第一需要。对于企业而言，"活下去"是第一需要。2000 年，任正非在与合益集团（Hay Group）高级顾问维基・赖特（Vicky Wright）的一次谈话中说："企业要一直活下去，不要死掉。作为一个自然人，受自然规律制约，有其自然生命终结的时间；作为一个法人，虽然不受自然规律的约束，但同样受到社会逻辑的约束。一个人再没本事也可以活 60 岁，但企业如果没能力，可能连 6 天也活不下去。如果一个企业的发展能够顺应自然法则和社会法则，其生命可能达到 600 岁，甚至更长时间。"①

华为公司创立于 1987 年。1987—1995 年，由于公司的技术能力薄弱、资金短缺，华为公司以代理起步。为了捕捉发展的机遇，华为很快就开始自主研发适合小型用户的交换机，后来又启动了局用程控交换机的研发。

创业阶段的华为面对着高度不确定的发展方向和非常不连续的发展路径。进入局用程控交换机领域之后，华为面临"外

① 任正非 . 活下去，是企业的硬道理 [J]. 管理优化报，2000，119.

有强敌、内有追兵”的局面，要在国际巨头和国内同行的围追堵截中寻求一条生路。华为当时奉行“实用主义”，为了争取更多合作机会，提出了“狼狈精神”，为了抓住稍纵即逝的市场机会，喊出了“不要面子才能进步”。可以说，创业阶段的华为采取的就是适应式战略。

1996 年是华为的战略发生转折的一年。一方面，随着万门局用数字交换机的突破，公司发展方向越来越明确。另一方面，随着公司人员从 1995 年的 800 人快速增加到 1996 年的 2 500 人，内部管理出现了一系列问题。为了解决发展中的问题，华为在 1996 年发动了市场部大辞职，并成立了“华为基本法”起草小组。市场部大辞职事件帮助华为重新梳理了公司的人才体系，而“华为基本法”的起草帮助华为克服了未来 10 年发展路径上的不连续性。

1996—2005 年，可以看作华为的成长阶段。华为的员工数量从 800 人增长到 3 万人，国际化发展也从 1996 年进入俄罗斯市场开始起步，2005 年国际市场收入首次超过国内市场。在国际化的初期，华为提出了“20 年后，三分天下华为有其一”的愿景，还提出了“从土狼向狮子转变”的口号。正是凭借愿景的引导，华为才能够用 10 年时间成为全球运营商设备领域的主要供应商，克服了发展路径上的不连续性。

2006 年，华为海外市场收入占总收入的 65%。但随着国际化进程的发展，运营风险也开始显现。为了应对国际化风险，华为 2007 年启动了财经体系变革，目的是解决财务与业务部门之间的沟通和连接问题，提高公司对各业务区域的管控能力。随着企业的发展，华为和全球客户间的关系已经变成互相促进、彼此依存的战略伙伴关系。2009年，任正非提出“深淘滩，低作堰”，一方面强调挖掘内部潜力增强核心竞争力，另一方面强调不要因为短期目标而牺牲长期目标。

2006—2010年，可以看作华为的成熟／扩张阶段。在这个阶段，华为的员工数量增加到了11万人，成了一家名副其实的大企业。为了适应企业规模成长和全球布局的要求，华为采取了一些计划式战略措施，加强了对全球业务的管控，在集团层面强调了与合作伙伴的合作竞争和开放式创新。

2008年的金融危机对包括华为在内的电信基础设施提供商造成了很大影响。由于基础设施存在投资滞后的特点，这些影响在2010年前后开始显现。2011年初，华为意识到需要进行深刻的变革，明确提出了“云、管、端”的战略调整，开始向企业业务和消费者领域延伸，把业务拆分为运营商业务、企业网业务和消费电子业务三大板块，并于2017年把云事业部升级为一级部门，成为第四大业务板块。

2011—2018年，可以看作华为的转型阶段，这个阶段的特点是自上而下的战略调整和自下而上的业务涌现相结合。在2011年的组织结构变革中，“云、管、端”三大核心业务被赋予了很大的自主权。此后，消费电子业务和企业网业务快速扩张，消费电子业务的发展造就了全球领先的华为手机品牌。但各个业务的快速扩张也造成资源浪费，产品重复开发现象愈演愈烈，使得华为不得不在2014年再次进行组织架构调整，缩小了事业群的自主权。

不难看出，华为2011年以来的组织变革强调自下而上的涌现，鼓励员工敬业、创新、奋斗的精神，目的是应对金融危机和行业变革带来的发展方向上不确定性的上升。面对不确定性，华为通过打造耗散组织结构、激发员工创业创新能力、实施涌现式战略，让企业未来的发展方向自下而上涌现出来。

然而，在复杂的现实世界中，企业面临的不确定性和不连续性的变化持续不断。2019 年后，华为成为中美贸易摩擦的焦点，随着美国政府把华为列入“实体清单”，禁止华为在未经美国政府批准的情况下从美国企业获得元器件和相关技术，华为未来的发展路径上出现了新的不连续性。为了应对复杂环境中新出现的不连续性，华为启用了自己在长期发展中积累的芯片设计、操作系统等“备胎”方案。多年之后，回顾华为 2019 年之后的发展，我们应该能够得到一个世界级大企业跨越高度不确定性和不连续性的经典转型案例（见图 3-3）。

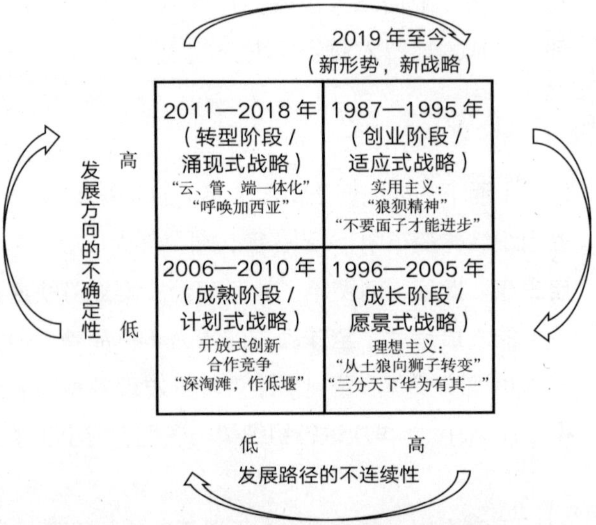

图 3-3　华为发展过程中的不确定性和不连续性

终极规律：用规则的确定性，应对环境的不确定性

规律的武器

“终极规律”号是《三体》中追击“自然选择”号的四艘战舰之一。在黑暗战役中，“终极规律”号首先发起攻击，用次声波氢弹杀死了包括“自然选择”号在内的三艘太空战舰中所有的生命，但最终被“蓝色空间”号摧毁。虽然在小说中涉及“终极规律”号的情节不多，但它的名字和它率先发动攻击这件事情，却暗合着宇宙的终极规律。

科幻小说和奇幻小说的一个重要区别在于，科幻小说往往有更坚实的科学基础和更严密的逻辑结构。作为一部硬科幻小说，《三体》不仅反映了科学规律，也反映了社会规律，甚至揭示了宇宙规律。

人类文明的发展史，是一部发现和运用规律的历史。在人类认识自然规律、科学规律和社会规律之前，社会结构简单，生产力水平低下，文明的发展面对着高度的不确定性和不连续性。随着人们对各种规律的认识，人类逐步学会使用这些规律作为武器，来应对所面临的不确定性和不连续性。从这个意义上讲，**人类文明的发展史也是一部用规律的确定性应对环境的不确定性，用规律的连续性创造路径的连续性的历史。**

我们可以从两个方面来分析《三体》中的规律：科学规律和社会规律。通常来说，侧重于反映和拓展科学规律的科幻小说属于“硬科幻”，而侧重于运用社会规律的科幻小说属于“软科幻”。在《三体》中，科学规律和社会规律都得到了很好的综合运用。

我们先来看科学规律。小说开篇第 1 章就叫“科学边界”，物理学家

汪淼在一次军方主持的会议中得知多位著名物理学家自杀，其中一位叫杨东。她在遗书上写道："一切的一切都导向这样一个结果，物理学从来就没有存在过，将来也不会存在。"

杨东得出这样结论的原因在于，科学家在利用高能加速器进行的粒子对撞实验中发现，同样的粒子，同样的撞击能量，一切实验条件都相同，结果却不同。科学家们一次一次重复实验，但每次结果仍然不相同，且没有规律。一些科学家认为，这就意味着宇宙中普适的物理规律不存在，由此，他们怀疑物理学也不存在。

实际上，粒子对撞实验中出现的混乱状况是三体派来的智子搞的鬼。由于科学技术的全面发展取决于基础科学的发展，而基础科学的基础又在于对物质生成结构的探索。三体通过智子扰乱地球上物理学家的科学实验，使他们无法进行更高速度的粒子对撞实验，由此锁死人类对物质深层结构的认知。

智子要锁死人类基础科学发展的原因也很简单。在人类文明发展的5 000多年里，主要的科学技术进步是在近300年取得的，科学技术呈日益加速发展的趋势，这个速度放在地球文明产生的漫长岁月里就是大爆发。如果智子的战略能够成功实现，人类的应用技术发展将得不到相应的基础科学支撑，不仅会遇到天花板，而且永远无法超过三体文明。智子的战略本质上就是用基础科学停滞发展的确定性，应对应用技术爆发的不确定性。

智子的这个策略效果非常明显。例如，在科技的发展和与三体的战争中，人类不可避免地要使用高性能计算机。然而，由于基础物理的进步被锁死，在进入危机纪元4个世纪后，人类使用的计算机还是传统结构。

人类只能通过制造出1 000亿颗微处理器，并花很长时间把它们互联起来，才能建成一台超级计算机。然而，这样的计算机已经是人类在现有基础科学之下能够达到的极限了，无法与拥有更先进科学理论的三体文明竞争。于是，出现了末日战役中的舰载计算机在很长时间内无法识别出舰队被“水滴”攻击的情况。

如果说人类文明还是走在一点点摸索科学规律的路上的话，宇宙中的一些高等级文明则开始通过改变宇宙规律获得终极武器。在《三体》中，能够用作武器的规律有很多，最常见的是空间维度和光速，一般是用降低维度来攻击、用降低光速来防御。

例如，歌者文明在发现太阳系后，使用了一块“二向箔”，通过把太阳系的三维空间降为二维，清理了整个太阳系。再如，乘“蓝色空间”号逃离太阳系的人建造了多个生存空间，其中，建立三号世界的人利用光速飞船打造出了一片光幕区域，在这个范围内的光速非常低，任何物体都无法逃出黑洞，也为生活在三号世界里的人提供了一个安全空间。

当然，通过改变宇宙规律进行战争会产生严重的后果。在频繁的降维打击中，宇宙中二维空间的比例渐渐增加，终将超过三维空间，最终第三个宏观维度会完全消失，宇宙会变成二维。同样，如果光速攻击和防御使用过于频繁，会使低光速区不断增加，这些区域最后会在扩散中连为一体，整个宇宙都会成为低光速黑域。

无论是空间维度的降低还是光速的降低，目的都是把对手能够运用的宇宙规律限定在更小的范围内。这样一来，就可以通过更为确定性的科学规律，应对对手行为的不确定性。

文明的结构

我们对《三体》中社会规律的应用可以从三体社会学、人类社会学和宇宙社会学三个方面展开。

三体世界的统治机构至少有一位元首、多位执政官和一个议会，每位执政官都管理着一个领域。例如，军事执政官负责军事行动，科技执政官负责科技开发，教育执政官负责教育，监听执政官负责对外星系文明的监听等。小说没有提到三体世界的不同区域存在类似的较为低级的组织结构，这就意味着三体世界的最高管理机构可能是直接管理每个个体的。从组织学的角度看，这样的组织结构属于直线职能式，还没有发展到矩阵式或事业部式的管理结构。这种情况应该和三体世界的高技术水平带来的管理手段和效率有关。然而，在三体世界文明进化到一定程度之前的那 200 多个轮回中，由于技术手段的限制，应该存在类似于现代人类社会的地方管理机构。

无论如何，三体世界都是一个集权社会。在与三体世界元首的对话中，1379 号监听员说："元首，请看看我们的生活：一切都是为了文明的生存。为了整个文明的生存，对个体的尊重几乎不存在，个人不能工作就得死；三体社会处于极端的专制之中，法律只有两档：有罪和无罪，有罪处死，无罪释放。我最无法忍受的是精神生活的单一和枯竭，一切可能导致脆弱的精神都是邪恶的。我们没有文学、没有艺术，没有对美的追求和享受，甚至连爱情也不能倾诉……元首，这样的生活有意义吗？"

元首回答："你向往的那种文明在三体世界也存在过，它们有过民主自由的社会，也留下了丰富的文化遗产……但在所有三体文明的轮回中，这类文明是最脆弱、最短命的……如果三体文明最后占有那个世界，我们也可以创造那样的生活。”[①]

我们常说，经济基础决定上层建筑。实际上决定上层建筑的不仅仅有经济基础，生存环境同时决定了经济基础和上层建筑。在三体世界，面对异常严酷的生存环境，有限资源的集中利用和文明个体的统一管理是必要的。

人类的“蓝色空间”号在黑暗战役中幸存下来之后，也迅速建立了高度的军事化，有着严格、冷酷纪律的集权组织结构。这和“蓝色空间”号所经历的黑暗战役高度相关，这些幸存下来的人已成为“非人”，他们真正认识到了：“生存是文明的第一需要。”

在地球上，人类社会的组织结构也是由所面临的外部环境塑造的。在危机纪元之前，所有国家之间相互独立、彼此防备，几个超级大国主导着联合国。危机纪元初期，人们意识到组织统一力量对抗三体入侵的重要性，通过了联合国面壁法案，成立了行星防御理事会，建立了太空军。为此，社会经济体制由市场经济变为计划经济体制，人们凭粮票和定量卡购买食品和日用消费品。

随着大量资源被投入军事设施建设中，社会经济体系几乎崩溃，人类进入大低谷时代，人口数量迅速减少。后来，人们认为没有必要过度担心未来的三体入侵威胁，应该活在当下。于是，就有了那句刻在大低谷纪念碑上的“给岁月以文明，而不是给文明以岁月”，意思是活就要活好。此时，人类社会结构变得非常扁平化，个体也倾向于女性化。后来，当“黑暗森林”打击威胁即将到来时，人类又重新找回战斗的本能，在危机

① 刘慈欣．三体 [M]. 重庆：重庆出版社，2008.

纪元消失的“男人”又回来了，社会重新变回集权结构。

由此，我们可以看出，集权和分权是相对的和动态的。当环境严苛的时候，文明采取集权的方式谋求生存，当环境缓和的时候，文明采取分权的方式谋求发展。我们可以把集权和分权看作应对社会环境变化的一种制度和规则，为了生存和发展，文明会利用这些规则的确定性去应对环境的不确定性。

至于宇宙社会学，正如叶文洁所说：“星星都是一个个的点，宇宙中各个文明的社会复杂结构，其中的混沌和随机的因素，都被这样巨大的距离滤去了。因此，宇宙社会学比人类社会学呈现出来的数学结构更清晰。”这句话背后的真实含义是，宇宙各个文明之间沟通起来更难，文明之间的猜疑更重。由于信息无法高效沟通，所以一个文明很难分辨另一个文明是善意的还是恶意的，于是就采取最为高效的方式：清理，而不是沟通。

宇宙中的文明之所以采取这样的方式对待其他文明，从根本上讲也是为了用规则的确定性应对环境的不确定性。当歌者想启动“大眼睛”进一步观察太阳系上固态行星情况的时候，歌者文明长老说：“大眼睛现在很忙，有更重要的目标要观测，没时间满足你的好奇，做你的事去吧。”这位歌者此时的岗位是“清理员”，要做的事就是“清理”。做好这样的岗位工作，不需要思考，不需要好奇，更不需要像《三体》中 1379 号监听员那样有爱心，只需要完成规则规定的确定性动作：清理。

不难看到，无论是科学规律还是社会规律，其核心都是：用规则的确定性应对环境的不确定性。我们可以将其称为“宇宙终极规律”。

管理启示录

用规则的确定性应对环境的不确定性

企业管理者的核心管理对象本质上是各种不确定性，管理就是要把不确定性变成确定性，其中一条核心原则就是用规则的确定性应对环境的不确定性。

2017年，任正非在加拿大代表处的讲话中指出[①]：未来的组织结构应该是“主官 + 职员”的精兵作战体系。职员比主官在专业上更精通，主要承担确定性事务。主官负责把握方向，主要承担不确定性事务。不能把确定性的事情和不确定性的事情搅在一起，这样本来确定的事情又变成不确定了。管理变革就是要把不确定性变为确定性，用确定性来管理，提高效率。

具体到干部管理上，2021年任正非在干部管理工作思想沟通会上强调：要用干部队伍激活的确定性，应对环境与商业变化的不确定性。具体措施包括：持续优化干部选拔与任用机制；聚焦关键岗位群体，做厚干部梯队；推进干部专业化，提升干部履责能力；促进干部队伍新陈代谢，保持整体队伍活力；做好组织持续熵减和激活。

在2015年的一次花园谈话中，媒体问任正非：“全球所有分公司，您或轮值CEO都经常会去吗？”任正非回答：“我去得不多，他们也去得很少。我们不是靠人来领导这个公司，我们用

① 任正非．在加拿大代表处的讲话 [EB/OL].（2017-10-03）.http://xinsheng.huawei.com/index.php?=forum&mod=Detail&act=index&id=36621398&search-result=1.

规则的确定性来对付结果的不确定。人家问我‘你怎么一天到晚游手好闲？’我说，我是管长江的堤坝的，长江不发洪水就没有我的事，长江发洪水不太大也没有我的事啊。我们都不愿意有大洪水，但即使发了大洪水，我们早就有预防大洪水的方案，也没有我的事。”

用 A 的确定性应对 B 的不确定性，可以看作华为的一个基本管理准则。其中包括：用战略的确定性应对变化的不确定性；用流程的确定性应对客户需求的不确定性；用价值分配的确定性应对动机的不确定性；用企业文化的确定性应对时代的不确定性等方面。

在战略的确定性方面，华为从创业初期的模糊战略，到后来花 40 亿美元学费师从 IBM 引进体系化管理机制，再到形成区域战略规划体系，各个区域的战略与集团战略相互衔接。战略规划可以消除方向的不确定性，确保方向不散乱，把大家的认识和资源都带到一个方向上来，达到“力出一孔”。

在流程的确定性方面，华为引入了业务流程、职能流程和支撑流程三个类型的管理流程体系。业务流程也叫价值创造流程，主要包括集成产品开发、从市场到线索、从线索到回款、从问题到解决等；职能流程主要包括战略、交付、供应、采购等，目的是强化价值创造的效果；支撑流程属于平台类流程，主要包括人力资源和财经等。

管理学中有一句话：“战略决定组织，组织跟随战略。”实际上，在战略和组织之间应该加上“流程”，变为“战略决定流程，流程决定组织，组织跟随流程，流程跟随战略”。战略和组织之间有较大的间隔，包括时间间隔和空间间隔。把流程加进来，可以把战略拆成细分的时间和空间单位，对应相应的组织职责，用流程的确定性应对战略和组织协同的不确定性。

在价值分配的确定性方面，华为的人力资源体系经历了1.0到4.0的转变，形成了人力资源战略管理体系，不再是事后的支持职能，而是企业主价值链上的重要一环。华为的人力资源管理核心任务有两个：第一是选人才、选干部、选将军；第二是激发组织活力，就是用好的激励机制和考核机制，把组织活力激发出来。

在企业文化的确定性方面，华为一直强调“以客户为中心，以奋斗者为本，长期坚持艰苦奋斗”的核心价值观。企业归根到底是营利性组织，对利益的追求是企业的本能和基因，但要让企业能够长期持续发展，应对可能面临的不确定性和不连续性，就需要依赖企业文化的确定性。

第二部分

时空宇宙

时间加速，空间折叠

科幻作品的一个重要特征是对人类乃至宇宙的未来进行思考和猜想。科幻作者的这些基于人类基本认知和科学知识的猜想，有些在多年之后可能成为现实。例如，阿瑟·克拉克在1945年发表的《地球外的转播》中，详细描写了可将广播和电视信号传播到全世界的远程通信地球同步卫星系统。20年后，人们真的发射了地球同步卫星，并把地球同步卫星轨道命名为“克拉克轨道”。

再如，克拉克在1965年发表了《转弗兰肯斯坦，请按F键》，描述了地球上的电信网络日益复杂，最终发展到与人脑结构复杂程度不相上下，这些电脑最终通过网络互联形成了一个可以独立思考的超级大脑。1997年万维网的发明人蒂姆·李说，他的灵感正是来源于克拉克的这篇小说，虽然没有做到小说中的全部，但仅仅实现了前半部分，便已改变了世界。[①]

因此，科幻小说中的科学构想也常常成为启发科学家研究的灵感来源。从这个角度讲，科幻小说帮助人们打开了思想的天窗，让读者看到更遥远的未来和更广阔的空间。

读者之所以喜欢科幻小说，正是在相当程度上被科幻小说宏大的空间维度和深邃的时间维度所吸引。从空间维度来看，科幻小说作家可以轻松地跳出地球、太阳系、银河系，甚至整个宇宙来构思故事情节。从时间维度来讲，科幻小说既可以畅想数百万年后人类的命运，也可以描述数百亿年后宇宙的变迁，甚至可以让时间以不同的速度流逝乃至倒流。总之，科幻作品为读者提供了在更大的格局和更远的视野上展开想象的机会。

本书第一部分专门讨论科幻和现实中的不确定性与不连续性。我们仔细想一想，就会发现，科幻中的不确定性很多时候来自时间速度的变化，而不连续性很多情况下源于空间的变化。例如，《三体》第三部中，关一帆和程心的飞船误入“死线”，光速降低到每秒十几千米，只能启动神经元计算机，而整个过程需要 16 天时间。16 天后，当他们的飞船最终抵达云天明和艾 AA 所在的蓝星时，发现蓝星已经变成紫星了。经过地质年龄测定，时间已过去 1 890 万年。关一帆对程心说：“我们错过了。”光速的变化造成了两个世界时间流逝速度的巨大差距，产生了高度的不确定性。

如果我们把空间维度放在纵轴，把时间维度放在横轴，就可以得到

① 《地球外的转播》和《转弗兰肯斯坦，请按 F 键》收录于《阿瑟·克拉克科幻短篇全集》。阿瑟·克拉克．阿瑟·克拉克科幻短篇全集 [M]. 秦鹏等，译．上海：文汇出版社，2021.

一个分析空间和时间的二维框架，用来帮助我们理解科幻小说在宏大背景下的叙事逻辑。空间维度可以进一步分为整体和局部两种情况，而时间维度可以分为现在（包括过去）和未来两种情况。由此我们得出四个象限，即关注未来整体情况的“终局”，关注现在整体情况的“全局”，关注现在局部情况的“时局”，以及关注未来局部情况的“变局”。我们可以利用这个框架理解时空范围内的系统性和动态性变化，可以用“见终局”“揽全局”“知时局”“应变局”来理解科幻作品中体现的战略思维逻辑（见图II-1）。

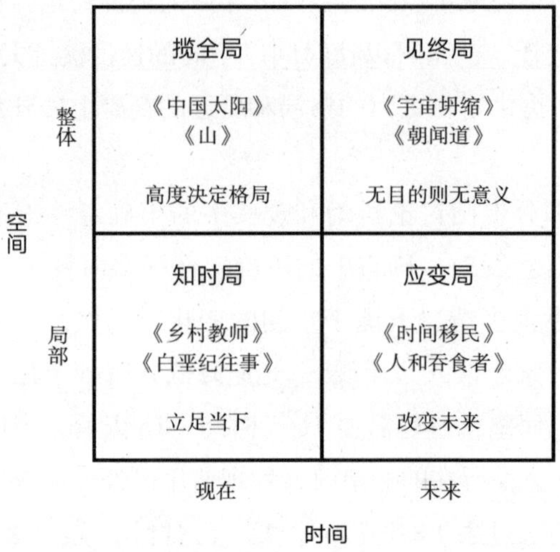

图 II-1　刘慈欣短篇小说中的空间与时间 [①]

① 《中国太阳》《宇宙坍缩》《朝闻道》《乡村教师》《人和吞食者》收录于《带上她的眼睛》。刘慈欣.带上她的眼睛[M].成都：四川科学技术出版社，2015；《山》《时间移民》收录于《梦之海》。刘慈欣.梦之海[M].成都：四川科学技术出版社，2015.

在本书的这一部分，我们以“时间与空间”为主题，借助科幻作品，讨论宇宙中的时空对于人类这种生存在三维空间和一维时间的生物意味着什么，从空间的整体和局部以及时间的现在和未来两个维度，梳理出看待使命、愿景，形成价值观、思考战略的基础逻辑：见终局、揽全局、知时局、应变局。

04 无尽无垠：科幻世界的时空战略

终极问题：宇宙的目的是什么

未来未来，但已注定

与天文物理学家类似，科幻小说家最热衷讨论的话题是宇宙从哪里来和到哪里去，也就是宇宙的起点和终点。关于宇宙的起点，被科学界普遍接受的宇宙大爆炸理论认为宇宙是由一个密度极大、温度极高的奇点演变而来，经过不断膨胀达到今天的状态，而且宇宙仍在不断膨胀的过程中。

关于宇宙的终点问题有三种主要的观点：大撕裂、热寂和坍缩。持有宇宙大撕裂观点的科学家认为，宇宙的膨胀是在不断加速的，当宇宙加速膨胀达到一定界限，宇宙密度就会小于临界密度，维持星球和星系存在的引力系统将不再发挥主导作用，空间膨胀速度将超过光速，时间的概念将会消失，宇宙进入大撕裂状态。

持有宇宙热寂观点的科学家认为，物质最后不会被撕裂，但会在相当长时间内，通过热辐射被转换成热能，最终宇宙的熵达到最大值，即热能在宇宙中均匀分布，最终辐射温度趋于绝对零度，进入永恒的黑暗状态。

持有宇宙坍缩观点的科学家认为，宇宙中的暗能量和暗物质将使引力重回主导地位，宇宙膨胀达到一个界限之后，将出现无数黑洞，最后形成一个巨型黑洞，吞噬宇宙中所有的能量物质，宇宙有可能又回到最初的状态。

《宇宙坍缩》是刘慈欣的一篇短篇小说，全文仅有 6 200 多字。小说讲述了一位叫丁仪的科学家创立了统一场理论，从而能够对宇宙大尺度空间中的里程碑事件做出精确预测。有一天，丁仪来到国家天文台，一反常态地用一根大烟斗抽烟。丁仪有非常严重的肺病，已经戒烟很久了，他的这个举动让人觉得十分奇怪。这时候来了一位大领导，领导是从抗洪救灾一线挤出时间来帮助天文台解决科研经费问题的。丁仪告诉领导不需要解决科研经费问题了，也不需要抗洪救灾了，在场所有人都大惑不解。

丁仪解释说，宇宙在形成之后一直在膨胀，然而，基于统一场理论的预测，宇宙很快就会停止膨胀，转为坍缩。宇宙开始坍缩后，将重复膨胀过程中发生的所有事情，唯一区别是时间的流向相反。在小说的最后，宇宙开始坍缩，时光开始倒流，人们刚刚说过的话以倒叙的方式呈现出来，给读者一种很魔幻的感觉。

《宇宙坍缩》给我们的启示是，在宇宙膨胀过程中，虽然人会生病也会死去，虽然河水会流淌也会泛滥，但科学的发展会延长人的寿命，抗洪的努力会减少自然灾害带来的损失。在宇宙膨胀过程中，虽然事物的发展充满不确定性，但也因此存在各种可能性，人们改变世界和命运的努力和付出终将会有回报。然而，在宇宙坍缩过程中，未来只是历史中曾发生的事件的倒影。科学家的肺病将自然痊愈，身体也会从老年变为儿童。领导不用忙于抗洪救灾，因为历史数据表明上次重大洪涝灾害发生在他的任期之外。由于坍缩造成时间倒流，所有人的命运都已注定，所有事件的终局都已确定会发生，而确定性的终局意味着所有努力将不再有意义。

朝闻道，夕死可矣

如果说，在《宇宙坍缩》的故事里有一位人类的智者预见到了宇宙的终局，并且采取了消极的应对方式，那么，在《朝闻道》的故事里，则有一批人类中的顶级科学家为了探索宇宙的秘密而主动献出了生命。《朝闻道》中的主人公也叫丁仪，同样是一位理论物理学家，差别是他还没有建立宇宙的大统一模型，而是建成了构建宇宙大统一模型所需要的粒子加速器。粒子加速器建成之后，忽然被一股神秘的力量摧毁，而这股力量的代言人是一名自称为“排险者”的外星来客。“排险者”来自更高级别的文明，他来到地球的目的是阻止人类掌握能够探知宇宙秘密的大统一模型。丁仪希望从“排险者”那里得知宇宙大统一模型，但被“排险者”以“知识密封准则”拒绝了。“知识密封准则”不允许高级文明向低级文明传递知识，而低级文明只能通过自己的探索得到知识。

出于对科学真理的极度渴望，丁仪请求“排险者”告知他宇宙大统一模型，并可以随即杀死他。与丁仪有类似想法的科学家还有很多，他们都是各个领域的顶级科学家，希望用自己的生命来换取其所在领域最前沿的知识。于是，一批批科学家用他们的生命来换取宇宙奥秘。从“排险者”那里，数学家们看到了费马猜想和哥德巴赫猜想的证明，古生物学家们得知了恐龙灭绝的真正原因，包括丁仪在内的物理学家们看到了宇宙大统一模型，而后他们都消失了。最后一位登上祭坛的是史蒂芬·霍金，他的问题是："宇宙的目的是什么？""排险者"的回答是："我不知道！你走吧。"

《朝闻道》的名字来自《论语》中的"朝闻道，夕死可矣"，而这里的"道"就是宇宙的终极奥秘，或者说是科学家眼中的科学真理。在小说中，数百位科学家把科学真理看得比自己的生命还重要，探索科学真理是他们进行科学研究的目标和意义。在科学家中，霍金关于"宇宙目的"的问题最发人深思，即使是故事中虚构的掌握超高科技能力的外星文明也不知道这个问题的答案。由此可见，这个问题可能是关于宇宙的终极问题。

《朝闻道》和《宇宙坍缩》两部小说虽然都讨论了关于宇宙的终极问题，但二者的侧重点不同。《宇宙坍缩》中的宇宙坍缩是一种现象和状态，可以用科学解释和预测。《朝闻道》中霍金关于宇宙目的的问题讨论的不是一种状态，而是宇宙本身的意义，这不是仅靠科学知识就能解决的问题，因此即便是掌握宇宙大统一模型的外星文明也无法理解宇宙的目的。

保罗·戴维斯在科普作品《宇宙的最后三分钟》[①]的最后一段讨论道：如果宇宙拥有目标，并且已经实现了，那么宇宙就必须终结，因为它的持续存在将毫无理由，也毫无意义。反过来说，如果宇宙永远存在，我们很难想象宇宙会有什么终极目标。所以说，宇宙的灭亡可能是宇宙成功的代价。从这个角度讲，无论对任何事物而言，使命一定是可望而不可及的，万一使命实现了，也就没有存在下去的理由了。

---

① 著名物理学家保罗·戴维斯经典之作，带你破解宇宙终结之谜。本书中文简体版已由湛庐引进、由天津科学技术出版社出版。——编者注

《朝闻道》和《宇宙坍缩》两部小说告诉我们这样一个道理：终局包含两个层面，一个是意义，另一个是状态。意义和目的有关，状态和目标有关。或者说，意义讲的是“why”（为什么），而状态讲的是“what”（是什么）。与此相对应，宇宙的终极状态是一个问题，而宇宙存在的意义是另一个问题。从这个角度发散出去，人终有一死，即人的最终状态都是死亡，但人生的意义却非常不同，有的人死得轻如鸿毛，有的人死得重如泰山。再进一步说，每一家企业都会衰亡，但企业存在的价值却千差万别，有的企业促进了社会发展，有的企业只是造成了环境污染。正所谓，“菩萨畏因，众生畏果”，科幻小说也启发我们，**见终局不仅要见结果，更要见原因。**

管理启示录

企业的目的是实现顾客理想[①]

《朝闻道》和《宇宙坍缩》中都有一位叫丁仪的科学家，他们是刘慈欣科幻小说中天文物理学家的代表，是人类中真正仰望星空的人。企业家的群体中也存在一部分仰望星空的人。他们的目标远不限于在当下赚到钱或未来让企业活着，他们的目标是实现顾客理想，甚至是改变人类未来。

爱因斯坦曾说：“有时候，提出一个问题比解决一个问题更重要。”为什么这么说？因为解决问题也许仅是一个数学上或实验上的技能而已，而提出新的问题，却需要有创造性的想象力，

① 任正非．逐步加深理解“以客户为中心，以奋斗者为本”的企业文化——在市场部年中大会上的讲话纪要 [J]. 管理优化，2008，319.

而且标志着科学的真正进步。只有仰望星空的人才能提出正确的问题，提出正确的问题比找到答案更重要，因为“正确的问题”代表了事物的本质。

1997 年末，任正非带领 20 多位华为高管访美，先后走访了休斯、IBM、贝尔实验室、惠普等企业。这次美国之行在提升华为领导层的格局与视野的同时，也让领导层在企业管理的两个根本性问题上达成了共识。第一，是对企业本质的认识。他们发现，合格的、卓越的企业无不拥有强大的使命精神，尽管它们必须不断赚钱，但赚钱的初始目的与最终目的都是实现顾客理想。第二，是要将华为建立在制度的轨道上，逐渐摆脱对个人的依赖。

早在 2002 年，任正非就强调：“公司唯有一条道路能生存下来，就是客户的价值最大化。有的公司是为股东服务，追求股东利益最大化，这其实是错的。全世界只有客户对我们最好，他们给我们钱，为什么我们不对给我们钱的人好一点呢？为客户服务是华为存在的唯一理由，也是生存下去的唯一基础。”

华为在 2007 版的《华为公司的核心价值观》中明确指出，在企业实践中，华为不断将客户需求导向的战略层层分解并融入所有员工的每项工作之中。不断强化“为客户服务是华为生存的唯一理由”，提升了员工的客户服务意识，并使其深入人心。从这个角度讲，华为文化的特征也表现为全心全意为客户服务的文化。

2008 年，在《逐步加深理解“以客户为中心，以奋斗者为本”

的企业文化》一文中，任正非进一步强调："我们奋斗的目的，主观上是为自己，客观上是为国家、为人民。但主、客观的统一确实是通过为客户服务来实现的。没有为客户服务，主、客观都是空的。"华为的"以客户为中心"与德鲁克的"企业的目的是创造顾客"有异曲同工之处，说明了企业的终局是为人创造价值。

登高远望：山在那儿，总会有人去登

仰望星空

1990 年 2 月 14 日，"旅行者 1 号"太空船刚完成其首要任务，美国国家航空航天局发出指令指示太空船向后"看"以拍摄它所探访过的行星。在旅行者 1 号发回地球的照片中，地球仅相当于整张照片的 0.12 个像素那么大，只是像素状照片里一个渺小的"暗淡蓝点"。

美国著名天文学家卡尔·萨根在其著作《暗淡蓝点》中写道："我们成功地（从外太空）拍到这张照片，细心再看，你会看见一个毫不出奇的小点。再看看那个光点，它就在这里。那是我们的家园，我们的一切……在浩瀚的宇宙剧场里，地球只是一个极小的舞台。想想所有那些帝王将相杀戮得血流成河，他们的辉煌与胜利，曾让他们成为光点上一个部分的转眼即逝的主宰……我们的妄自尊大，我们在宇宙中拥有某种特权地位的错觉，都受到这个苍白光点的挑战……天文学令人感到谦卑并能培养个性。除了这张从远处拍摄我们这个微小世界的照片，大概没有别的更好的办法可以揭示人类妄自尊大是何等愚蠢。"①

① 卡尔·萨根. 暗淡蓝点：探索人类的太空家园 [M]. 叶式辉，黄一勒，译. 北京：人民邮电出版社，2014.

“天文学令人感到谦卑”，这是一句意义多么深刻的话呀！在《朝闻道》中，当科学家问“排险者”从什么时候开始关注地球文明的潜在威胁时。“排险者”回答是在 37 万年前，当时一个原始人仰望星空的时间超过了“排险者”所在外星文明设置的预警阈值，其背后的逻辑是当一个智慧生命开始持续仰望星空时，就有了产生文明的可能性。然而，卡尔·萨根警示我们，人类在地球上做的很多事情只是“螺蛳壳里做道场”，所谓王侯将相只是一种特权地位的错觉，而人类只有跳出地球，在太空中审视自己的家园，才能真正拥有未来。

俯瞰大地

刘慈欣的短篇小说《中国太阳》讲述了一个来自中国西北农村名叫水娃的年轻人跳出地球看地球的故事。水娃没有读过几年书，他在县城打工时认识了一个叫庄宇的落魄知识分子。庄宇试图把自己研究的高分子材料应用在太阳灶上，但并不成功。多年以后，水娃来到北京，加入了“蜘蛛人”的行列，为摩天大楼清扫外墙面。庄宇成了“中国太阳”项目总工程师，正在招募人手清理外太空太阳伞上的附着物。

于是，水娃成了第一批“太空蜘蛛人”，开始了为期 20 年的太空清洁工作。20 年后，当“中国太阳”完成为地球收集能量的使命时，科学家把这个设施改造成了人类第一艘载人恒星际飞船，水娃成为 20 位探险者之一。出发前，水娃对全世界说：“飞出太阳系的‘中国太阳’将会使享乐中的人重新仰望星空，唤醒他们的宇宙远航之梦，重新燃起他们进行恒星际探索的愿望。”

《中国太阳》这部小说给我们的启示是，高度决定格局。主人公水娃没有接受过高等教育，但由于长期在太空工作，他观察地球和仰望星空的角度和常人不同。例如，霍金博士和水娃一起在太空漫步时说："人们肉眼所见的星空，在宇宙中也只是一粒灰尘，而整个宇宙也不过是百亿年前一次壮丽焰火的余烬。"独特的经历让水娃一生实现了三次格局的跨越：从高楼上俯瞰整个北京，到在"中国太阳"上俯瞰整个地球，最终在星际航行中穿越整个星系。水娃之所以能够参加恒星际探索航行，是因为在"中国太阳"工作的20年让他有了在地球上生活的常人没有的宏大格局。

无论是旅行者1号发回地球的《暗淡蓝点》照片，还是《中国太阳》中水娃的故事，讲的都是跳出地球看地球。从全局看局部会促使我们形成更大的格局。刘慈欣的另外一部短篇小说《山》所讨论的格局则更加宏大，讲述了一个外星文明希望跳出宇宙看宇宙的探险。《山》的主人公叫冯帆，曾经是一名登山爱好者，他因为在一次登山事故中失去了4个伙伴而放弃了登山，开始了自己不间断的远洋航行生涯。在一次航行中，冯帆看到海面上正在形成一座巨大的"水山"——海水被一艘飞船的质量吸引，向天空隆起了1万多米的高峰。秉承着"山在那里，就要有人攀登"的理念，冯帆攀上了"山"顶，开始了和外星人的对话。

这些外星人来自一个叫"泡世界"的星球，那是一个密闭的球形空间，内部空间半径为3 000千米，四周都是厚达5 000千米的岩壁。最开始，"泡世界"的生命不知道星球的结构，他们只是在密闭空间内发展。由于空间有限，争夺资源和空间的战争持续不断。很多年后，探险者打通了密闭空间四周的岩壁，看到了"泡世界"之外的星空。于是，他们踏上了探索宇宙的航程，并在这一天到达了地球。在对话中，冯帆鼓励来自"泡世界"的探险者说："宇宙是无限的，至少有200亿光年那么远。""泡世界"的探险者回答"宇宙只是一个200亿光年半径的泡泡"，而他们要到泡泡之外去看看。

对于生活在中国西北农村的水娃来说，县城就是世界的边缘。当水娃站在北京高楼的顶上，地平线的边缘就是世界的尽头。对于在“中国太阳”上工作了20年的水娃来讲，地球只是世界的一部分。当水娃乘坐的星际飞行器飞到太阳系边缘的时候，他望向来时的路，就能看到一个“暗淡蓝点”。类似地，对于生活在“泡世界”内部的生命来讲，3 000千米就是空间的极限。当他们突破了岩层，开始仰望星空时，整个“泡文明”的世界观都发生了颠覆性的变化。当他们长途跋涉来到地球时，他们所见到的格局已经超越了我们所知道的宇宙。正如“泡文明”临别时给冯帆的赠言中所说“山无处不在”，而“山在那儿，总会有人去登的”。

《中国太阳》和《山》这两部小说告诉我们两个道理：第一，只有登上山顶，才能总揽全局；第二，山外有山。我们可以把所有值得去探索和攀登的事物比作山，个人前途是山，企业发展是山，民族强盛是山，人类命运是山，宇宙边界也是山。站在山脚下，永远无法看到所有的风景，只有站在山顶，才能一览无余。此外，我们还要明白山外有山的道理。对于“泡文明”而言，如果不能跳出自己所在环境的局限，就无法想象宇宙的广大。对于人类文明来说，如果不能从宇宙的视角回看地球，就无法认识自己的渺小。

管理启示录

深淘滩，低作堰[1]

稻盛和夫认为，无论经营者主观上怎么想把企业做大做好，但是，企业发展的水平，取决于经营者的品格，也就是经营者

① 任正非 . 深淘滩 低作堰——在运作与交付体系奋斗表彰大会上的讲话 [EB/OL].（2009-04-24）.https://xinsheng.huawei.com/next/#/detail?tid=6813799.

‘器量’的大小。企业要发展壮大，经营者不仅要扩展知识和技能，更需要相应地扩展自己的‘器量’，也就是说，**经营者要有意识地做出努力，不断提升自己的品格、哲学理念和思维方式。**

这里的“器量”，就是格局。对于每一个企业或组织而言，无论其大小，都应该有人“站在企业之外看企业”“站在行业之巅看发展”。这就好比《中国太阳》里的水娃“站在地球之外看地球”，好比《山》中的冯帆“站在高山之巅看未来”。

“深淘滩，低作堰”反映了华为从生态着眼开放创新的态度。2009 年，任正非在运作与交付体系奋斗表彰大会上发表了题为《深淘滩　低作堰》的讲话。他认为：华为公司若想长存，需要做到“深淘滩，低作堰”。深淘滩，就是不断地挖掘内部潜力，降低运作成本，为客户提供更有价值的服务。低作堰，就是节制自己的贪欲，自己留存的利润低一些，多一些让利给客户，以及善待上游供应商。

在同一篇文章中，任正非提出了“七反对”的原则：“坚决反对完美主义，坚决反对烦琐哲学，坚决反对盲目的创新，坚决反对没有提升全局效益的局部优化，坚决反对没有全局观的干部主导变革，坚决反对没有业务实践经验的人参加变革，坚决反对没有充分论证的流程进行使用。”

后来，“反对没有全局观的干部主导变革，坚决反对没有业务实践经验的人参加变革”演化成华为对高级干部的要求。华为对不同层级员工有不同要求：高级干部要有使命感，中层管理者要有危机感，基层员工要有饥饿感。使命感是高级干部必备的选拔标准之一，华为明确规定高级干部“不能自我设计人生”，他们必须对华为的今天和未来承担使命。

2019年，华为转发了任正非十几年前对正职和副职干部的能力要求的思考。任正非认为：正职必须要有战斗洞察能力和战斗的决断力，要敢于进攻；正职必须清晰地理解公司的战略方向；正职要有决心、有意志、有毅力，富有自我牺牲精神；正职要能带领团队，不断地实现新的突破；评价正职时不一定要以战利品来评价，应关注其领导能力。

一个组织要想基业长青，必须有一批又一批的核心成员为组织的终局负责，站在组织全局的高度去把握方向、领导变革。任正非在2016年发表的《前进的路上不会铺满了鲜花》的讲话中强调：“高级干部一定要仰望星空，才能牵引公司走向未来。”

蜡炬成灰：上好最后一堂课

知识改变命运

2022年6月7日，全国高考拉开帷幕。一大早，云南丽江华坪女子高级中学校长张桂梅护送高三学生参加高考，这也是她坚持送考、陪考的第12年。2021年6月29日，“七一勋章”颁奖典礼上，张桂梅代表“七一勋章”获得者发言。她说：“只要还有一口气，我就要站在讲台上，倾尽全力，奉献所有，九死亦无悔！”

和众多乡村教师一样，张桂梅老师是一个平凡而伟大的人，在平凡的岗位做出了不凡的事业。《乡村教师》是刘慈欣的一部短篇小说，故事中，一位乡村小学教师得了食管癌，但因为没有医药费而放弃了治疗。这位教师在生命的最后时刻，仍然坚持给孩子们上课，只为了把他有限的知识尽量多地传授给孩子们。在最后一堂课里，老师给孩子们讲了牛顿三大定律，在要求孩子们把这些知识背下来之后，老师就去世了。

同一时间，在银河系的中心位置，经历了与硅基文明惨烈战斗而艰难获胜的碳基联邦星际舰队，正在对银河系中不计其数的恒星系中可能存在的文明进行扫描。当确认某个恒星系中不存在较高程度的文明时，碳基联邦将摧毁这些星系，以防止硅基文明通过恒星蛙跳进行反攻。当碳基联邦在地球上随机抽取了 10 个地点进行文明程度测试时，仅在中国西北部这所小学里发现智慧生命的痕迹，并对这些智慧生命进行了 3C 级文明测试。在 10 道测试题中有 3 道题是牛顿三大定律的内容，孩子们非常准确地进行了回答，从而挽救了地球被毁灭的命运。

无论是张桂梅老师，还是《乡村教师》中那位乡村小学教师，他们的工作岗位都非常普通，就像我们大多数人一样，好像注定要度过平凡的一生。张桂梅老师虽然身体羸弱，但她用坚强的意志创办了全国第一所免费女子高中，在 12 年中将 1 804 名女孩送出了大山，改变了她们的人生，也改变了她们的家庭。正如张桂梅老师所说，“改变一个女孩，至少可以影响三代人”，《乡村教师》中的那位老师虽然只有初中学历，但他用全部的生命去爱和培养学生，将自己所知道的知识尽可能地教给孩子们。他虽然只是教给了十几个孩子一些基础的物理知识，但从此改变了人类的命运。所以，只要专注于正在做的有意义的事情，我们每个人都可以改变世界。

《乡村教师》中的碳基文明联盟和硅基文明联盟都非常强大，但彼此不能共存，两大文明之间的战争持续了数万银河年，毁灭了无数的星系。在文明发展史上，虽然竞争是一个永恒的主题，但合作才是维系文明长期存在的基石。对应到"知时局"上，就是要了解自身能力的优点和缺点，发挥自己的长板，回避自己的短板，这样才能在全局中找到自己最好的定位，也才能抵达更好的终局。

无知断送未来

《朝闻道》中有一个情节，人类的古生物学家问"排险者"恐龙是如何灭绝的，得到答案之后恍然大悟。刘慈欣沿着这个细节写了三部短篇小说，其中第一部叫《白垩纪往事》。在白垩纪晚期，恐龙空前强大，发展出了高水平的文明。但恐龙也不是无所不能的，由于自身巨大的身形，恐龙无法从事非常精细的事情，于是恐龙和蚂蚁形成了共生关系，有蚂蚁帮助恐龙进行电子维修、手术等精细工作。

当时地球上存在两个恐龙王国，分别是冈瓦纳帝国和罗拉西亚共和国。两个恐龙王国展开了军备竞赛，为了防止被对方消灭，都在太空设置了足以毁灭地球的反物质炸弹，并设计了自动倒计时程序，如果该程序没有被定期发送的信号及时终止，地球就会毁灭，由此两个恐龙王国之间达成了微妙的战略平衡。

然而，蚂蚁共和国并不知道这个秘密，它们为了摆脱恐龙帝国的"压迫"，启动了一个名为"雷粒"的计划，把微型炸弹安放在恐龙帝国重要设施的电子线路上和重要人员的头脑中。在"雷粒"计划启动后，蚂蚁共和国才知道地球将被毁灭的威胁，但已经无力阻止。最终，恐龙灭绝了，而一部分蚂蚁藏身地下，躲过了这次危机并延续至今，但其文明却被完全摧毁。

《白垩纪往事》这部小说在某种程度上反映了国际地缘政治的一些规律。在国际政治体系中，通常有两个大国彼此制衡，通过某种终极手段达到相互制约的默契。两个大国之外的第三方势力往往是打破这种平衡的关键，正如小说中的蚂蚁共和国那样，只看到打破平衡可能带来的利益而没看到危险，其对自身优劣势的定位也不清晰。在国际政治体系平衡被打破后，各个方面一损俱损，整个体系都有可能面临崩溃的危险。

之所以出现小说中的这种情况，是因为各方没有看清战争带来的终局是毁灭，而只有和平才能带来繁荣的未来。同时，蚂蚁共和国在没有掌握恐龙帝国设置的自毁系统等关键信息的前提下贸然行动，在没有掌握全局信息的情况下打破微妙的平衡，最终导致了灾难的发生。

从《乡村教师》和《白垩纪往事》中，我们可以得出如下启发：**第一，“知时局”要建立在“见终局”和“揽全局”基础之上，需要通盘考虑整个系统中各相关因素，并根据自身的优势和劣势采取行动，才能达到利益相关方都想要的终局；第二，“知时局”就是要有自知之明，且能脚踏实地。**《白垩纪往事》中的恐龙自以为是地认为自己也可以像蚂蚁那样进行细微的操作，而蚂蚁则认为不依靠恐龙的力量自己也能够建立强大的文明，结果就是原本共生的物种之间的和谐关系被打破，对生态造成了巨大的破坏。

管理启示录

一杯咖啡吸收宇宙能量

在《乡村教师》中，碳基联盟的舰队对银河系中的星系逐一进行扫描，甄别其中具有较高文明等级的星系。这实际上是在做生态建设，通过识别生态体系中的生态伙伴，维持和促进碳基联盟控制范围内的生态可持续发展。

在《白垩纪往事》中，恐龙帝国与蚂蚁帝国本来已经组成了优势互补的共生体系。然而由于恐龙和蚂蚁不能很好地认识到自己的优势和劣势，妄想靠一己之力统治整个地球，最终造成两个帝国一起被毁灭的悲剧。

在企业管理中，无论一个企业多么强大，都需要与生态体系中的伙伴配合才能实现长期稳定的发展。**每一家企业在生态体系中都有自己应得的生态位，每一家企业都需要真正理解自身的优势和劣势，发挥自己的长板，补足他人的短板，协同发展，共生共赢。**

在公司内部，任正非注重培养咖啡文化。2017 年，任正非在喀麦隆代表处提出“一杯咖啡吸收宇宙能量”①。任正非指出：并不是咖啡因有什么神奇作用，而是利用西方的一些习惯，表述开放、沟通与交流。公司强调要开放，见识比知识还重要，交流常常会使你获得一些启发。年轻人走出国门，到了艰苦地区，不

① 任正非 . 什么是“一杯咖啡吸收宇宙能量”[EB/OL].（2017-12-11）.http://xinsheng.huawei.com/cn/index.php?app=forum&mod=Detail&act=index&id=3721737&search_result=1.

要自闭于代表处，要大胆融入当地社会，更重要的是要融入当地的上层社会，市场的机会、格局的形成，都在他们手里。

在公司外部，任正非倡导浆糊文化。2017 年，任正非在访问加拿大四所高校校长座谈会上提出“一桶浆糊粘接世界智慧”。任正非说：“我不懂技术，我不懂管理，也不懂财务，我手里提着一桶浆糊。前面 30 年我提着这桶浆糊，浇在大家脑袋上，把 18 万员工团结起来了。现在我又提着这浆糊到加拿大来了，把全世界的科学家紧密连接成一个群体。这个哲学的核心就是价值创造、价值分享、共有共享，保护每一个贡献者的合理利益，形成一个集群，这个战斗力是很强的，这个就是分享的哲学！”①

同样在 2017 年，任正非在全球能力布局汇报会上提出构建“为我所知、为我所用、为我所有”的全球能力布局。他说：“华为要有开放的用人态度。在全球能力中心布局思路上，胆子要大一些。应当组合世界上最优秀的资源，和优秀厂家结成战略合作伙伴关系，我们就会变得更优秀。”

沧海桑田：时间改变一切

时间的力量

2020 年 9 月 22 日，习近平总书记在第七十五届联合国大会上提出“中国将提高国家自主贡献力度，采取更加有力的政策和措施，二氧化碳

① 任正非．什么是“一杯咖啡吸收宇宙能量”[EB/OL].（2017-12-11）.http://xinsheng.huawei.com/cn/index.php?app=forum&mod=Detail&act=index&id=3721737&search_result=1.

排放力争于2030年前达到峰值，努力争取2060年前实现碳中和”，正式向世界递交了我国减排的时间表。这是我国政府为着力解决资源环境约束问题，实现中华民族永续发展，对构建人类命运共同体做出贡献的庄严承诺。

“碳达峰和碳中和”战略体现了“见终局、揽全局、知时局、应变局”的战略思维逻辑。首先，人类如果延续过去数百年的发展轨迹，将不可避免地对环境造成灾难性破坏，可能会出现科幻小说中地球生态体系崩溃的终局。其次，在对国内国际两个大局做出全局性统筹分析后，我国政府庄严承诺负担起一个大国参与全球治理的责任。再次，碳达峰和碳中和是根据我国现阶段二氧化碳排放总量和人均排放量的实际情况，基于“富煤、贫油、少气”的资源特征，考虑我国经济社会可持续发展的国情，做出的战略决策。最后，在设定2030碳达峰和2060碳中和目标时，充分考虑了发展和环保之间的动态平衡，为最终实现碳中和目标预留了“应变局”的战略空间。

环境污染问题是科幻小说中经常用到的危机诱因，《时间移民》讲述的就是一个人类迫于地球环境压力，向未来移民的故事。一个叫大使的人带领8 000万人进入冷冻系统，苏醒时间设定在120年后。当他们苏醒后，发现地球的情况更糟了，战争和污染持续破坏着地球的环境，于是大使决定继续向未来移民，这次的时间设定为600年后。当他们再次苏醒时发现，地球上已经没有了战争，而且科技高度发达，人们可以轻易获得自己想要的一切。但正是因为能够得到一切，人类也就失去了继续奋斗的动力。大使认为这也不是他们想要的生活，于是决定继续向未来移民，这次的时间跨度是1 000年。

1 000年后，他们来到了一个虚拟和现实融合的世界，人们可以在无形世界中任意复制有形世界中的东西，非常像前几年火热的“元宇宙”概念。大使他们认为这样的世界太不真实，于是决定移民到冷冻系统能够支撑的最大时限，也就是1.1万年后。最终，当所有人苏醒后，发现人类文明的痕迹已荡然无存，恢复了只有阳光、水、空气、植物、动物的原始状态。于是，时间移民们开启了一个新的时代，并决心在新世界里与自然环境和谐共存。

在《时间移民》中，以大使为首的人类移民好像没有做什么事情，只是一次又一次地进入冬眠。然而，大使在每一个时点做出的是否全体苏醒的选择，决定了人类未来的走向是人定胜天，还是与自然和谐共处。最终，他们找到的理想国是没有战争也没有高科技，但拥有自然生态的家园。这个故事暗示着，人类所追求的很多非自然要素对环境带来的损害最终需要很长时间来弥补，而我们不懈追求的可能恰恰是我们已经拥有的，正如我们实施“碳达峰和碳中和”战略，通过不懈努力达到的“零排放”目标一样。

文明的希望

在很多科幻小说中，危机都是引导故事情节发展的主线，作者经常浓墨重彩地描述主人公如何应对突如其来的挑战，应对波诡云谲的变局，进而改变自己和人类命运。刘慈欣在《白垩纪往事》中埋了一个伏笔：在白垩纪灾难发生后，一部分恐龙登上了几艘巨大的飞船飞向了外太空，后来这些飞船合为一体，每到达一个行星就扩建一次，经过6 000万年形成了巨大的“吞食帝国”，这就是《吞食者》这部小说的主角。

《吞食者》讲述的故事是：由恐龙建立起来的吞食帝国在经历了漫长的航行后又回到了地球，他们的目的不是重新占领地球，而是要将地球上所有的资源吞食掉，用于支持他们巨大航天器的星际旅行。人类在得到吞食者来袭警报之后有一个世纪的时间进行准备，他们在月球内部埋藏了500万枚核弹。当吞食者到来时，这些核弹将被持续引爆，进而把月球以极高的速度抛向吞食者的航天器。这个与《流浪地球》上的行星发动机极为相似的设计虽然非常巧妙，但最终功亏一篑。月球并没有击毁吞噬者的航天器，只是对其造成了一定程度上的破坏，而地球终于还是被吞食者劫掠一空。

当少量幸存的人类在几百年后返回地球时，这个曾经的蓝色星球已成为不毛之地。不过，在小说的最后，作者还是给读者留下了一点希望。来自吞食者帝国的使者大牙送给了最后的地球人一块泥土，上面有一些小草和几只蚂蚁。最后的地球人决定留下来，用自己的身体做蚂蚁的食物，帮助蚂蚁进化，给文明一次重启的机会。

《时间移民》和《吞食者》这两部小说的主题都是人类与自然的关系，是掠夺还是共处，这是一个问题。当人类无休止地对自然环境进行掠夺时，自然环境可以轻松地抹去生命的痕迹。而当人类以自己的生命为代价来保护自然环境时，自然环境会给人类以奇迹。

管理启示录

不要浪费一场危机的机会

《时间移民》和《吞食者》的故事说明了一个在很多科幻小说中都反复提到的道理：时间是最残酷的。与科幻小说不同，生活在现实世界中的人和企业无法进行冬眠，每一个个体都需要为自己消耗的资源付出等值代价，每一家企业都必须保证自己的现金流不发生断裂。因此，现实中的人必须认真地对待每一刻的时间，每一年、每一天、每一分、每一秒都不应虚度。**人生最大的危机可能来自虚度宝贵的时光，企业最大的危机可能来自现金流的断裂，而社会最大的危机则可能来自逃避现实的挑战。**

2021 年 6 月，华为轮值董事长郭平与新员工座谈时提出，不要浪费一场危机的机会。[①] 郭平说：美国给华为制造了危机，也给我们每一个人创造了机会，希望大家能抓住！危机中最大的挑战是面对未来不确定性的那种恐惧。可能人人都恐惧未来，但只有即使恐惧，仍然一往无前的人才有未来。

2012—2013 年，华为业务增速趋缓，而当时流行的管理理念是互联网思维和颠覆式思维。人们开始怀疑华为聚焦主业的战略，再次出现人心浮动的局面。为此，任正非写了《用乌龟精神追上龙飞船》一文，他说："不要为互联网的成功所冲动，我们也是互联网公司，是为互联网传递数据流量的管道做铁皮。我们不需要热血沸腾，因为它不能点燃为基站供电。我们需要的是热烈而镇定的情绪，紧张而有秩序的工作，一切要以创造价值为基础。"

2018 年 12 月 1 日，美国通过加拿大拘捕了华为 CFO 孟晚舟。2019 年 5 月 16 日，华为被列入美国商务部实体清单，禁止美国企业与华为的贸易关系。2021 年华为全球销售收入 6 368

---

① 郭平．不要浪费一场危机的机会——与新员工座谈纪要 [EB/OL].（2020-07-29）. https://xinsheng.huawei.com/next/#/detail?tid=6795357.

亿元，同比下滑 28.6%，其中消费者业务下降 49.6%。虽然收入出现大幅下滑，但华为 2021 年实现净利润 1 137 亿元，同比增长 75.9%。2021 年研发投入达 1 427 亿元，再创历史新高。①

2021 年 10 月至 2022 年 5 月，短短 7 个月时间，华为成立了三批共 20 个行业军团，聚焦企业用户场景，尝试攻坚突破。2022 年 4 月华为宣布“消费者业务”更名为“终端业务”，并全面进军商用领域。华为在军团成立大会上的一句话鼓舞人心：“没有退路，就是胜利之路。”这句话像极了《三体》中托马斯·维德的名言：“前进，前进！不择手段地前进！”

《宇宙坍缩》《朝闻道》《中国太阳》《山》《乡村教师》《白垩纪往事》《时间移民》《吞食者》这些小说仅仅是刘慈欣众多作品中的一小部分，而刘慈欣也只是科幻作家中的一位代表。窥一斑而知全貌，我们从科幻小说中能够获得的，可能不仅限于炫酷的科技概念、激烈的战争场面和悲壮的人类命运。科幻小说还可以提升我们的战略思维能力，使得我们在自由的幻想中看到人类、社会、组织乃至个人的终局，帮助我们跳出个体的小圈子从而拥有整体的大格局，提醒我们认真对待当下的时局，激励我们积极应对变局，以达到心目中的理想终局。

① https://www. huawei.com/com/on/annual-report/2021.

05 以终为始：见终局、揽全局、知时局、应变局

地球往事:《三体》中的战略思想

三体人的战略

本章主要以《三体》为蓝本，分析长篇科幻小说中的战略思维。作为一部背景设定宏大的科幻小说,《三体》在空间上横跨了包括太阳系、三体星系、DX3906 恒星系乃至整个宇宙，在时间上跨越了公元纪年、危机纪元、威慑纪元、广播纪元、掩体纪元、银河纪元和时间之外的小宇宙等漫长的时间跨度。与所有的科幻小说一样，时间和空间是《三体》故事情节展开的两个主要维度。

所以，从空间和时间维度理解包括《三体》在内的长篇科幻小说的主要战略思想，是一个比较简洁的办法（见图 5-1)。我们可以从见终局、揽全局、知时局和应变局四个角度来对比三体人与人类的战略思维。

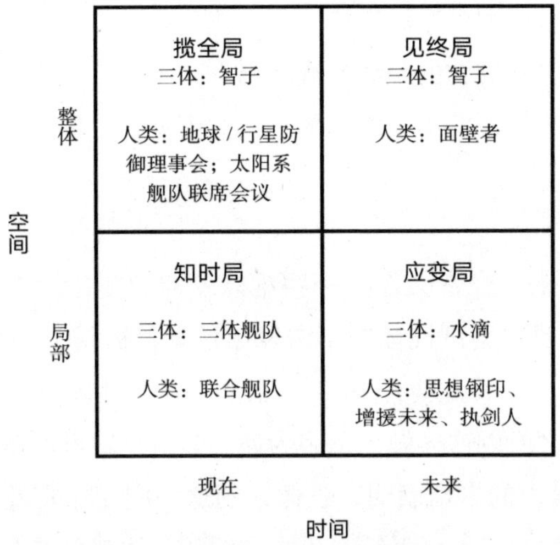

图 5-1 《三体》中的战略思维和行动

三体文明比人类更早地认识到了宇宙社会学的本质是“黑暗森林法则”。因此，三体人在三体母星恶劣的自然环境中培养起来的一个信念，就是要向外太空移民。于是，获得需要的技术手段后，三体人在第一时间制造了智子，并把首批智子派到了地球，在锁死人类基础科学的同时，也锁定了三体人与人类之间的竞争终局。

除了锁死人类基础科学外，智子的另一个使命是监视人类。由于智子能够以接近光速运动，所以可以在很多被监视目标之间快速巡回，因此，人类的所有重要活动都在智子的监视之下。由此，三体人通过智子就实现了揽全局。

知时局强调的是当下的行动力。在叶文洁第一次通过太阳向宇宙发出信息后，三体文明得知了太阳系的大致方向，马上开始加速三体舰队的建造，并在6年后向太阳系派出第一支三体舰队。事实上他们只知道目标的大致方向，却不知道它的距离。舰队出发两年后，三体文明收到叶文洁的回复，确定了与信号发出地之间的距离。可见，三体文明具有非常强的行动力。

从现在到未来，经常会发生一些难以预期的变化。当三体舰队还在航程中的时候，罗辑尝试性地向宇宙发出信息，披露了一颗距离地球50光年恒星的位置。当天，就有10颗“水滴”从三体舰队出发，加速向地球驶来。三体人之所以这样做，是因为他们知道罗辑可能掌握了“黑暗森林法则”。后来发生的事情表明，三体人的这一应变非常及时。如果不是罗辑在关键时刻建立了威慑系统，人类文明的主体就可能在三体人占领地球后被毁灭。

地球人的战略

与三体文明的战略类似，人类的战略也可分为见终局、揽全局、知时局和应变局这几个部分。从见终局来看，人类在三体危机初期就实施了面壁计划。四位面壁者实际上都预见了人类在与三体文明的战争中必败这样的终局。因此，无论是泰勒、希恩斯、雷迪亚兹，还是罗辑，每个人制订的面壁计划都是以人类必败为前提的。

从揽全局方面来看，人类文明做得比三体文明要差得多。一方面，因为人类没有三体所拥有的智子，无法直接观察三体文明，只能利用地球三体组织间接获得一些信息，并通过观察三体舰队驶过星际尘埃所留下的痕迹判断三体文明的一些简单情况。另一方面，人类并没有像三体元首和执政官那样的统一集权政治体系，每一股政治力量都从自己的利益出发进行决策，内耗严重。

从知时局来看，人类多次被自己虚假的技术繁荣所欺骗，认为地球联合舰队凭借高于三体第一舰队的航速以及多于对手的战舰数量，能够轻松取胜。同时，由于各方虚荣心作祟，人类把所有的2 000艘星际战舰呈检阅队形排列去拦截来自三体的“水滴”。最后的结果是几乎“团灭”。这印证了《三体》中的那句名言：“弱小和无知不是生存的障碍，傲慢才是。”

在与三体文明数百年的漫长争斗过程中，人类采取了非常多的计划去应对危机，包括思想钢印、增援未来、执剑人等。可惜的是，人类的战略规划很“丰满”，但战略执行很“骨感”。几乎每一位面壁者都被判以反人类罪，几乎每一个最终切实可行的计划都在各方利益平衡中流产。

管理启示录

企业家读《三体》

刘慈欣的《三体》堪称中国长篇科幻小说最重要的代表作，其读者不仅包括美国前总统奥巴马这样的政界人物，也有扎克伯格、马化腾、雷军、周鸿祎等互联网“大佬”。企业家读《三体》，往往不仅为了欣赏其结构宏大的故事情节和脑洞大开的科幻设定，更能从中得到有关企业经营的思维启迪。

例如，雷军曾提到三体中的降维打击概念，并把这个概念用在小米公司商业模式的设计上。传统手机厂商靠手机卖钱，全力打造线下经销商系统。早期的小米公司，完全采用互联网销售，推崇极致性价比，不靠卖手机赚钱，而是以手机为终端建立起一个以手机为中心的智能生态系统，并围绕这个系统进行生态链投资，使小米公司得到快速发展。

再如，《三体》中有两条宇宙社会学公理和两个相关核心概念。两条公理是：（1）生存是文明的第一需要；（2）文明不断增长和扩张，但宇宙中的物质总量保持不变。两个核心概念是：（1）猜疑链，即宇宙中的不同文明会猜疑对方会采取各种手段毁灭自己；（2）技术爆炸，即任何一个不起眼的小文明在宇宙尺度中可能很快通过技术大爆炸超越高等级的文明。

企业界有人把两条公理改成了：（1）生存是企业的第一需要；（2）企业不断增长和扩张，但是市场需求总量不变，消费者的注意力和口袋里面的钱就那么多。两个核心概念则被改成了：（1）藏好自己的战略意图，要随时防范小公司抄袭，同时避免大公司干掉自己；（2）小公司随时可能发生技术爆炸，一下子走在大公司前面。

实际上，宇宙社会学的公理不仅适用于企业界，也可以尝试套用到学术界：（1）发表论文是学者的第一需要；（2）学者数量不断增加，但顶级期刊的总量不变。两个相关的核心概念是：（1）猜疑链，在双盲评审的机制下，投稿人猜谁可能是审稿人，审稿人猜谁可能是投稿人；（2）范式革命，一些创新的研究领域可能通过快速发展，占领高等级期刊有限的篇幅。

更有甚者，有人可能利用 ChatGPT 等人工智能技术写出高质量论文，发表在高等级期刊上。于是，在 ChatGPT 面世的短短数月里，多所世界知名大学已经禁止学生和学者用 ChatGPT 写论文。在社会上，许多人开始担心人工智能技术会取代很多人的工作，这也反映出在“黑暗森林法则”下，技术革命对社会的冲击。

当然，如果我们个人只是在人工智能等技术发展带来的冲击下瑟瑟发抖，就和《三体》中的“虫子”没有差别了。“见终局、揽全局、知时局、应变局”的框架，可以帮助我们更好地认清科技革命对个人的影响。从终局看，科技进步是难以抗拒的，科技最终会替代大多数人工。我们需要的是从全局看，哪些工作更难以被科技替代，然后发展个人的相关能力，以应对科技革命带来的变局。

科幻小说是对未来社会发展全方位的想象，多读一些科幻小说，可以让我们更好地见终局、揽全局、知时局、应变局，更好地应对人生面临的挑战。无论您从事什么职业，处在什么年龄，都可以通过阅读科幻小说，给自己带来一些启发。

世界重启：《三体》中的见终局

四个终局

与绝大多数文学作品类似，《三体》在写作中运用了正叙、倒叙和插叙的叙事方法。由于故事架构的宏大规模和时间空间的超长范围，很多读者表示第一遍读《三体》之后有些不知所云。想要解决这个问题，我们可以运用战略思维，在正向阅读一遍小说之后逆向再看一遍。换句话说，我们可以先看故事的结局，再看导致结局发生的直接原因，接着看导致直接原因发生的间接原因，以此类推，形成完整的逻辑链条和故事脉络。我们可以从三体的终局、太阳系的终局、宇宙的终局和人类的终局四个方面来看《三体》中的各种终局。

首先，是三体的终局，分为三体星系的终局和三体舰队的终局。三体星系是在广播纪元三年零十个月时被摧毁的，摧毁三体星系的是一颗极端接近光速的小体积物体“光粒”，小说中没有明确指出“光粒”是哪个高等级文明发出的，但这颗“光粒”引发了三体星系的恒星爆发并吞噬了三体文明的母星。在三体母星被毁灭之前，三体文明曾派出两支大规模舰队。

第一支三体舰队能够以 1% 光速的速度航行，计划经过 450 年的航行到达太阳系。实际上，这支舰队并没有直接参与三体文明和地球文明之间的黑暗战役，只是派出了一个被称作“水滴”的飞行器就消灭了整个地球联合战斗舰队。第二支三体舰队能够以光速航行，这支舰队展开了更远距离的星际航行，后来在金牛座附近参与了一场大规模战役，战役的结果没有具体交代。同样，威慑纪元后离开了太阳系的三体第一舰队的结局书中也没有具体交代。但从云天明送给程心的小宇宙来看，三体文明发展到了很高程度，虽然三体星系的三体文明母星被毁灭了，但进行星际远航的三体文明保存了下来。

其次，是太阳系的终局。太阳系是人类的家园，也是三体文明想要据为己有的生存空间，《三体》三部曲的前两部主要描述的就是人类文明和三体文明围绕太阳系展开的争夺大战。《三体》三部曲的第三部中，出现了更高等级的文明，包括毁灭三体的高等级文明，以及毁灭太阳系的歌者文明。歌者文明使用的武器是一张“小纸条”，或者叫作“二向箔”。它的作用是将所有接触到的三维空间物体降维为二维，而被其吸引的物体只可能以光速逃离。“二向箔”被投放到太阳系之后，开始对太阳系进行降维打击，太阳系中的各大行星、星际间的尘埃，包括太阳本身降为二维，人类文明诞生的家园被毁灭。

再次，是宇宙的终局。在《三体》描述的所有文明中，回归者是顶级的文明，能够操控所有的维度，可以在短时间内向大宇宙之外的所有小宇宙广播信息，甚至可以把宇宙降至零维，然后重启。随着宇宙中各个等级文明的不断出现和发展，部分高等级文明从大宇宙中移走了一些物质，建造了各自的小宇宙。由于大宇宙的总体质量减少至临界值以下，宇宙由封闭转为开放，将在永恒的膨胀中死去。因此回归者文明发起了回归运动，动员所有小宇宙将拿走的物质归还到大宇宙，然后重新启动大宇宙。《三体》中宇宙的终局就是重启。

最后，是人类的终局。在宇宙的重启过程中，回归者文明的广播信息有 157 万种语言，其中就有三体文明和地球文明的语言。这说明在宇宙重启时，三体文明和地球文明仍然存续。此时，延续地球文明的是程心和关一帆，延续三体文明的可能是机器人智子，也可能有他们之外的人类和三体文明存续到了宇宙重启之时。在《三体》的最后，程心、关一帆和智子一起乘坐一艘小飞船从他们所在的小宇宙回归大宇宙。在此之前，他们已把小宇宙中的所有物质归还给大宇宙，只留下了一个生态球。生态球里有几条小鱼、生长的绿藻、漂浮着两块微型陆地，上面长着青草，还有一个小小的发光体提供能量。如果程心和关一帆回归大宇宙后在重启中灭绝，这个生态球也许就是人类文明最后的纪念碑。

一双慧眼

在《三体》中，来自地球的人类不能够预见到人类的终局和太阳系的终局，同样来自三体的个体不能够预见到三体文明的终局，即使地球上的面壁者和三体的智子也做不到这一点。可见，在宏大的空间范围和深远的时间范围内，身处其中的个体是难以见到包含自己在内的整体的终局的。只有跳出地球看地球，我们才能得知地球的全貌。只有把目光投射到太阳系之外，我们才能发现来自三体世界的威胁。

在人类中，最接近人类文明终局的是面壁者罗辑。罗辑是宇宙社会学的创立者，他独具一双慧眼，发现了“黑暗森林法则”：“宇宙就是一座黑暗森林，每个文明都是带枪的猎人……他必须小心，因为林中到处都有与他一样潜行的猎人。如果他发现了别的生命，……能做的只有一件事：开枪消灭之。”

正是基于“黑暗森林法则”，罗辑在与三体的对决中设计了威慑系统，如果罗辑死去，系统将把三体世界与周围的30个恒星的相对位置发送到宇宙中，其中也包括太阳，这就意味着三体星系将可能和太阳系同时受到高等级文明的打击。鉴于罗辑的威慑，三体答应了罗辑的几个条件，包括：“水滴”飞离太阳系、三体舰队不越过奥尔特云等。地球从此进入了威慑纪元，罗辑也成为威慑系统的“执剑人”。

60年后，人类开始认为来自三体的威胁不复存在，随着罗辑的老去，人们选出程心担任“执剑人”。然而，在程心成为执剑人的5分钟后，三体开始入侵地球，而程心没有能够及时按下威慑系统的触发按钮。罗辑和程心的区别在于，前者深谙“黑暗森林法则”的本质，知道文明之间战争的终局是强者毁灭弱者，要想对抗三体这样强大外星文明的入侵，必须借助更强大的力量达到威慑平衡，即使这样做可能导致太阳系与三体星系同归于尽也不足惜。正是因为罗辑有这样的决心，他的威慑才可信和有效，而程心则看不到“黑暗森林法则”决定的终局，注定成了一位优柔寡断的执剑人，多次断送了人类文明延续的希望。

管理启示录

看十年，想三年，做一年

在科幻的设定中，我们的想象力可以很容易地穿越时空，思考终极问题。当我们在科幻的宏大设定中思考世界的时候，能够建立一个终局视角，从未来倒推回来看问题，这就是终局思维。企业家跨越借鉴科幻的这一特点，为自己的企业设立一个“科幻世界”，并在这个世界中“见终局、揽全局、知时局、应变局”。由此形成的**终局思维，可以帮助企业家思考清楚未来的远景目标，探索达到目标的路径，并决定当下应该做哪些事情。**

阿里巴巴制定战略的一个基本逻辑是：看十年，想三年，做一年。看十年就是对中长期机会的判断，判断社会、经济、技术等发展趋势。阿里巴巴强调用未来的视角看今天，把今天的假设当作对未来的判断。在战略制定实施复盘的过程中，应不断地校正对未来的判断，不断用未来眼光看现在，不断判断产业终局，并且不断完善假设。

人们都希望有一个可以预知未来的水晶球，但正如我们所说：方向只能大致正确，组织必须充满活力。预知未来的水晶球是不存在的，谁都无法清晰地描述未来，但在行业里有深厚积累的人，可以对未来进行大致判断。一旦开始思考这些问题并不断深入探索，自然会比别人看得更远。通过不断思考这类问题，我们也许就会发现属于自己的水晶球，在方向判断上越来越正确，或者说无限逼近正确。

“看十年，想三年，做一年”要有“以终为始”的观念，这里的“终”就是“终局”，而不是“终点”。终局意味着多年以后的格局，终点意味着多年以后的机会点。企业在进行战略分析时，要形成逆向思维的习惯，把自己投射到未来，让时间逆向流逝，看看会发生什么。

“看十年”实际上是确定企业在十年后的愿景，思考企业在十年后商业格局中的位置。“想三年”则是做出战略选择，锚定客户价值，确定近期内前进的方向。“做一年”是制定年度规划的重点，确定短期内要达到的目标。“看十年”类似于“见终局”，“想三年”类似于“揽全局”，“做一年”类似于“知时局”和“应变局”。

宇宙社会:《三体》中的揽全局

文明之外的文明

在浩瀚的宇宙中，地球只是一个暗淡蓝点，太阳系只是一个普通的恒星系，银河系也只是亿万星系之一。在如此宏大的体系中，决定一个文明产生和延续的终极因素往往不在于直接产生文明的生态环境，而在于产生这个生态环境的星系环境和更大范围的宇宙环境。

关于揽全局的重要性，我们还可以从《三体 2：黑暗森林》的序章中得到启发。一只蚂蚁在沿着一座孤峰向高处爬，蚂蚁感觉到地面的震动越来越强，说明另一个巨大的存在正在向这里运动。蚂蚁在行进过程中感觉到峭壁上有一个深槽垂直向上，他对凹槽的整体形状的印象是一个“1”。此时，蚂蚁感觉到另一个巨大的存在接近孤峰，并开始与前一个到达的存在对话。小说中的这段描述非常深刻，借助蚂蚁在墓碑上爬行的过程，讲述出叶文洁和汪淼两人关于宇宙社会学的对话，反映了人类之于宇宙就像蚂蚁之于墓碑那样渺小，无法既置身其中，又置身其外，更不可能总揽全局。

在《三体》中，按照文明发展程度从低到高，依次存在着地球文明、三体文明、魔戒文明、歌者文明、边缘文明、归零者文明、回归者文明等。较高等级文明和较低等级文明之间的差别不仅在于其活动空间广大的程度不同，更在于其活动空间的维度数量不同。例如，《三体》中地球文明的主体活动范围限于太阳系，活动维度限于三维。三体文明则既可以实现大规模跨星系飞行，也可以将质子从高维向低维展开。

由于活动范围和维度的差异，高等级文明往往对低等级文明有一种俯视感。在三体文明掌握了质子自行展开技术之后，计划利用这一技术在地球人面前展示一些地球人无法理解的神迹，以造成地球人心理上的恐慌。三体人将两个智子发往地球，向地球展示的第一条信息是："你们是虫子！"这句话隐含着高等级文明对低等级文明赤裸裸的藐视。可见，揽全局的能力决定着文明的格局和命运，具有不同揽全局能力的文明的命运迥然不同。

全局之上的全局

第一，是人类文明的揽全局。人类应对来自三体威胁的机构用过几个名称，包括：地球防御理事会、行星防御理事会、太阳系舰队联席会议等。从这些名字上我们可以看出，人类的决策机构自始至终限定在太阳系范围内。这就决定着人类的主体不可能将目光投射到超出太阳系级别的宇宙范围之外，人类的目光一直局限在来自太阳系邻近的三体星系的威胁。

虽然三体世界带来的威胁真实存在，但最终消灭太阳系和三体星系的都是距离我们非常遥远的文明。

在位于地球上的中国太空军指挥中心里，太空军司令常伟思将军面对 1:1 000 亿的太阳系空间图曾感慨道："谁能想到我们有一天要面对这样的作战地图？"地图面积相当于一个电影宽荧幕，但几乎是一片漆黑，只有在正中有一个小小的黄色亮斑，那是太阳。站在旁边的舰艇政委章北海说："首长，不知你注意到同志们面对这幅图时的眼神没有？我觉得，他们面对未来的战场没有表现出一点信心和战斗的激情。"虽说常伟思将军和章北海政委都是太空军中具有远见卓识的领导者，但他们也没有想象到，地球文明和外星文明的对决最终并没有发生在太阳系中，而整个太阳系乃至相邻星系都被外星文明的"二向箔"清理了。

第二，是三体文明的揽全局。三体文明早期的揽全局是靠监听员实现的，例如，那位曾对地球发出"不要回答！"警告的 1379 号监听员，就是几十万个监听员之一。揽全局在三体文明后期是靠智子实现的，而智子简而言之就是一个由质子改造成的超级智能计算机。三体文明首批制造了 4 个智子，其中智子 1 号和 2 号飞向了地球，智子 3 号和 4 号留在三体星系，这 4 个智子之间形成了一个感应阵列，智子 1 号和 2 号从地球获得的信息可以瞬间传回智子 3 号和 4 号。同时，由于智子移动的速度接近光速，所以智子 1 号和 2 号几乎可以对地球实行全覆盖无间断的监视，从而使人类的一举一动对三体文明而言都透明化。

当然，三体文明的揽全局也是有局限的，否则，地球文明也就没有了生存的机会。正是由于三体文明个体间的交流方式是绝对透明的，他们无法理解隐瞒和欺骗，也无法理解未被表达出来的人类思想。正因如此，人类才想出了面壁者计划，利用具有高度战略思维能力个体的智慧，设计出三体文明无法破解的战略方案。

第三，是歌者文明的揽全局。歌者文明是用“二向箔”清理太阳系的高等级文明。《三体》中这样描述道：“翻阅坐标数据是歌者的工作，判断坐标的诚意是歌者的乐趣”。这里所说的坐标数据就是宇宙中各个恒星系的坐标，而坐标的诚意是指坐标的重要性。在宇宙漫游中，歌者先是发现了一条长膜广播，即三体的存在。按照清理程序，歌者将三体坐标放入了名为“墓”的数据库，却意外发现了三体与另外一个坐标有过三次通信记录。该坐标被歌者命名为“弹星者”，即地球文明。歌者向长老要了一片二向箔，用力场触角漫不经心地掷向了弹星者。于是，太阳系被二维化。

歌者文明之所以被称为歌者文明，是因为这位监视者和三体世界的监听员一样，也是它所在文明最底层的存在，为了打发无聊时间唱唱童谣自娱自乐。刘慈欣在《三体》中关于1379号监听员和歌者的描述，一方面是为了表示在包括三体文明和歌者文明在内的所有高等级文明中，都存在一种清理外星文明的机制，说明“揽全局”无处不在。另一方面，也是为了表达“清理”外星文明只是宇宙中高等级文明所做的一种非常普通的事情，只需要他们所在文明最底层的人去做，整个清理机制几乎是自动发生的，这也暗合了“黑暗森林法则”中，没有隐藏好的文明必然被消灭的定律。

第四，是回归者文明的揽全局。回归者是一种更高级别的智慧文明的群体，他们力图制止小宇宙的建造，并且呼吁把已经建成的小宇宙中的质量归还给大宇宙，然后启动宇宙坍缩，重启宇宙。《三体》中的小宇宙是一些发展程度非常高的文明在大宇宙之外建立的，他们建立小宇宙的目的是躲避大宇宙内的“黑暗森林法则”，避免与同级别文明展开厮杀。

第五，小宇宙与大宇宙的时间是不同步的，小宇宙的一天可能就是大宇宙的几亿年，甚至数十亿年。这就造成一个问题，只要在超膜上的超神级文明一天不注意，大宇宙就有可能产生数量巨大的低等级“虫子文明”，清也清不完。从理论上来说只要时间足够，每一个虫子文明最终都能突破宇宙的束缚，成为超膜文明，和自己展开“黑暗森林”的角逐。为此，超膜文明发起了回归运动，通过坍缩一次性将所有虫子文明全部清零。所以说，回归者的全局才是包括宇宙所有质量和空间范围的真正全局。这也告诉我们，山外有山，全局之外有全局。

管理启示录

既要埋头拉车，也要抬头看路

在《三体》中，三体文明对人类说：“你们是虫子！”这不仅意味着人类的科技水平与三体文明相去甚远，也意味着人类对外太空的好奇心远没有达到文明生存的需要。现实中，人类在登上月球后的很多年内，脚步都没有踏出地球同步轨道。阿瑟·克拉克预言的《2001：太空漫游》远远没有实现，人类沉迷于互联网的快速发展给自身带来的便利之中，这很像刘慈欣在《三体》中描述的大低谷后经济复苏的情况。

即使在“黑暗森林”打击的威胁下，人类也不能真正地把视野放在太阳系之外。他们先是建造了 2 000 艘太空战舰用于防御，然后实施了掩体计划，躲在行星之后，梦想着可以躲过“黑暗森林”打击，但每次都没有美梦成真，而是最终断送了人类文明主体延续的机会。

对于企业而言，既要脚踏实地，也要仰望星空。在《白垩纪往事》中，蚂蚁种族的特点就是脚踏实地，有工程师思维，能够制造和维修精密的机器；恐龙种族的特点则是仰望星空，有科学家思维，能够创造技术发展所需的基础科学知识。不幸的是，两个种族没有能够持续地合作发展，而是相互猜忌，最终造成了种族灭绝的悲剧。

在经营管理中，很多企业“只管埋头拉车，不顾抬头看路”，不具备揽全局的能力。也有一些企业过度强调企业凝聚力和价值认同感，长期下去会形成狭隘的自豪感和自我意识。

《华为公司基本法》[①]第7条阐述了企业的社会责任：“华为以产业报国和科教兴国为己任，以公司的发展为所在社区作出贡献。”华为在国内市场取得了过去的成功，明天的华为，将在更强烈的社会责任感引领下，在国际市场上铸就更大辉煌。这体现了华为在早期就形成的国际格局和全球视野。

华为在发展过程中取得了令人瞩目的成就，但也造成了有些员工的盲目自豪感，他们只管埋头拉车，不顾抬头看路，不了解世界的发展趋势。任正非指出，这样的员工就像井底之蛙一样，看到了公司在局部产品偶然领先西方公司，就认为公司已经是世界水平了。

任正非认为，狭隘的华为自豪感有时表现为以狭隘的愚忠

① 华为公司．华为公司基本法 [EB/OL].（1998-04-06）.https://xinsheng.huawei.com/next/#/detail?tid=6784023.

方式来忠于公司。对公司忠诚不等于对公司的事业忠诚，忠诚文化一方面加强了员工的凝聚力和团队精神，但也一定程度导致了员工对本公司的盲目崇拜，对竞争对手的无端轻视和熬资历混年头的弊病。

华为公司提倡公司与员工共同成长，但反对狭隘的愚忠，认为愚忠是一种没有职业能力的表现。华为认为真正忠于公司的干部要符合四个标准：是否踏踏实实工作；是否不计较个人得失；是否有强烈的责任心和使命感；是否有敬业精神与献身精神。

藏好自己：《三体》中的知时局

《三体》的主体故事横跨了500余年，而终章则发生在宇宙毁灭之时。在漫长的时间跨度中，无论是地球人、三体人，还是更高等级文明中的个体，都无法永生。正如《三体》第三部的标题那样，只有“死神永生”。因此，即使在科幻小说中，主人公也不能罔顾现实条件，凭空创造出违反宇宙规律的奇迹。知时局强调的就是能够了解当下的时间和局部的空间组成的环境，理解自身的优势和劣势，并充分发挥自身优势，弥补自身劣势，为文明的生存和发展创造条件和机遇。

在《三体》中，人类文明和三体文明之间的矛盾是无法避免的。首先，两个文明之间距离很近，三体文明是存在于距地球4光年之外比邻星星系的文明。其次，地球文明所在的太阳系正是三体文明苦苦寻找的新家园，由于三体文明所在的星系存在三颗恒星，三体星围绕恒星的运转极不稳定，三体文明随时面临被毁灭的危险，为此三体文明持续在三体星系外寻求适合的生存空间。再次，两个文明的发展程度存在较为明显的差异，当三体舰队具备星际远航能力时，地球文明刚刚进入信息社会。最后，两个文明的社会结构不同，地球文明由 100 多个独立国家组成，三体社会只有一个元首，而集权体制在星际战争中具有一定优势。

我们可以利用战略管理中的 SWOT 框架，分析地球文明和三体文明的优势、劣势、机会、威胁，得出两个文明面临的时局（见图 5-2）。

地球文明的 SWOT

优势	机会
1. 行星环境稳定 2. 科技加速发展 3. 具有战略思维	1. 加速发展技术 2. 抵抗三体入侵 3. 部分逃离地球
劣势	**威胁**
1. 各国利益纷争 2. 社会阶层矛盾 3. 技术方向分歧	1. 智子锁死科学 2. 智子监视人类 3. 三体舰队启航
优势 / 劣势	机会 / 威胁

三体文明的 SWOT

优势	机会
1. 文明政权统一 2. 社会井然有序 3. 技术实现突破	1. 星际航程较短 2. 地球三体组织 3. 限制对手发展
劣势	**威胁**
1. 行星环境混乱 2. 文明断续发展 3. 思维简单透明	1. 人类技术突破 2. 人类战略陷阱 3. 外星文明打击
优势 / 劣势	机会 / 威胁

图 5-2　地球文明和三体文明的 SWOT 分析

地球文明的 SWOT 分析

地球文明的优势主要包括三个方面：行星环境稳定、科技开始加速发展、人类具有战略思维能力。自然环境稳定是一个文明可持续发展的基础，气温波动、自然灾害、瘟疫等因素都可能成为政权不稳定，乃至文明消亡的重要推动力。以中国为例，过去 3 000 年的平均气温为 23℃，年平均最高气温为 25℃，年平均最低气温为 21.5℃。中国历史上朝代更替有一个明显的规律：从西周到清朝，每一次朝代更替大致都发生在朝代中气温最低的时候，而几次有名的中兴时期则大多发生在朝代中间气温最高的时候。可见，平均气温几摄氏度的变化都能影响一个文明的可持续发展，与三体星变幻莫测的乱纪元相比，地球的自然环境算是非常稳定了（见图 5-3）。

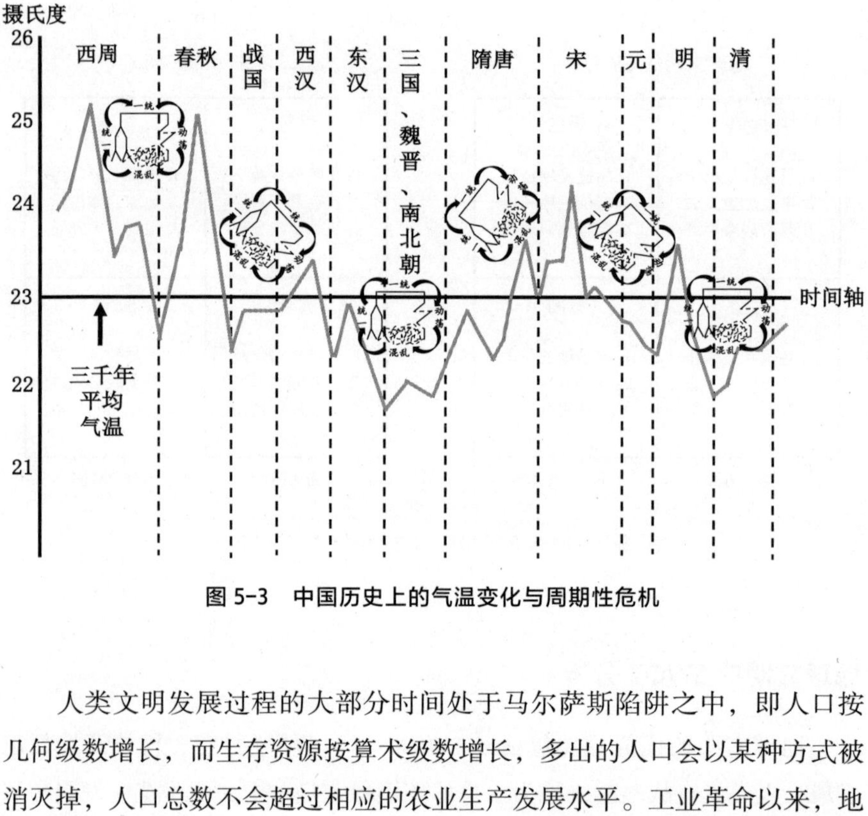

图 5-3　中国历史上的气温变化与周期性危机

人类文明发展过程的大部分时间处于马尔萨斯陷阱之中，即人口按几何级数增长，而生存资源按算术级数增长，多出的人口会以某种方式被消灭掉，人口总数不会超过相应的农业生产发展水平。工业革命以来，地球人口迅速增长，这主要归功于基础科学研究的突破带来的技术进步提升了生产效率，人类文明开始进入加速发展期。三体星收到地球文明信息的时间是 20 世纪 70 年代，随后地球文明进入信息时代，在几十年中取得巨大进步，并可能在未来数百年保持这个发展势头。

虽然科学技术是人类文明快速发展的重要推动力，但人类文明产生的土壤却是以语言为基础的想象力。语言提升了人与人之间的沟通效率，也扩大了人与人之间的沟通空间。正如《三体》中所说，人类的“进化缺陷”使人无法把思想直接进行展示，而是需要通过语言表达出来，在思想转化为表达的过程中产生的偏差逐渐发展成讲故事的能力和想象的能力。《人类简史》的作者尤瓦尔·赫拉利认为，人类之所以能够在地球众多物种的进化中脱颖而出，得益于其拥有讲故事的能力，而这也正是人类战略思维的来源。

从这个角度看，如果人类从今天开始依靠 ChatGPT 等人工智能讲故事的话，未来人类的想象力将从何而来呢？再后来，人工智能讲出来的故事，又有哪个人可以听得懂呢？也许，如果《三体》写于人们开始用 ChatGPT 替代自己讲故事的今天，人类相对于三体的思维隐藏能力的优势可能就荡然无存了。这样，可能也就不会有《三体》这部小说了，也就不会有面壁者计划了。

地球文明的劣势也主要包括三个方面：各国利益不一致、社会阶层矛盾深化、科学技术方向的分歧。人类只有一个地球，一个世界。2011 年发布的《中国的和平发展》白皮书提出，要以“命运共同体”的新视角，寻求人类的共同利益和共同价值的新内涵，旨在追求本国利益时兼顾他国合理关切，在谋求本国发展中促进各国共同发展。然而，现实中世界各国之间利益相差依然很大，分歧、摩擦乃至战争不断发生。

在《三体》中，即使是面临三体文明的入侵危险，世界各国的行动也很难统一协调。我们可以看到，代表不同国家和国家群体利益的方案在行星防御理事会上纷纷被否决。例如，最符合人类科技发展水平的“逃亡计划”被立法禁止，而与之相关联的“技术公有化”运动也严重受挫，人类在技术相对落后的严峻挑战面前仍然无法团结一致。

“逃亡计划”之所以被否决，并非人类没有科技能力实现向外太空的逃亡。实际上在三体威胁出现之初，超级大国已秘密开始自己的外太空逃亡计划。然而，正如破壁人二号所说“逃亡的最大障碍不是技术，也不是国家间的争端，而是人与人的争端，也就是谁走谁留的问题”。谁有资格逃亡的分歧深入民间，就连张援朝、杨晋文和苗福全这三位普通的中国人一起讨论起这个问题时，都差点掀了桌子。

从《三体》中我们可以看到，人类各阶级之间的差别和矛盾，最终没有能够拯救哪怕一小部分人。当人类建立在行星背面的太空城纷纷向“二向箔”跌落时，无论是上层阶级还是普通民众都无法逃脱，而让他们失去逃脱机会的是由于人类内部纷争造成的曲率飞船计划的夭折。

人类之间的分歧体现在各个层面，存在于国家之间、民众之间，也存在于科学家群体之间。在载人航天技术发展过程中有两个技术方向：工质推进飞船和工介质辐射驱动飞船，围绕这两个方向形成了对立的两大派别，由于资源有限，只能选择其一。传统航天系统的人主张工质推进飞船，而面向未来的太空军倾向于工介质辐射驱动飞船，两个派别之间形成了微妙的平衡。为了打破这个平衡，章北海不惜在太空中射杀了三位资深的航天系统专家。因为分歧导致的选择障碍在《三体》中比比皆是，多次让人类在生存和发展的岔路口上走上了歧途。

当然，面对三体文明入侵的威胁，地球文明也不是没有一点机会。经过数百年科学技术的快速发展，人类文明正在进入一个加速发展的时代。同时，三体文明的入侵也让人类世界在相对更高程度上团结了起来，更多的资源被运用在行星防御和航空航天方面，人类甚至为此启用了资源统一配置。此外，虽然人类文明主体的存续受到严重威胁，但仍有可能使部分人类实现太空逃亡，将人类文明的火种延续下去。

然而，三体文明的目标不仅是占领人类赖以生存的地球家园，而且还要对人类斩尽杀绝。来自三体文明的威胁主要体现在三个方面：在发现人类文明的第一时间就启用了“智子计划”，以锁死人类科学的突破；用智子监视人类社会的一举一动；派出星际舰队，力争早日到达并占领太阳系。

作为一个科学技术高度发达的文明，三体人非常清楚基础科学研究对于技术突破的重要性，因此，他们所做的第一个战略动作就是断绝人类取得基础科学突破的可能性。三体首先派出了智子，干扰人类进行的所有诸如高能粒子加速实验等基础理论研究，把人类的基础科学知识限定在已取得的范围之内。这个战略构想是三体世界的“元首”提出的，他明确指出：“科学技术的全面发展取决于基础科学的发展，而基础科学的基础又在于对物质深层结构的探索，如果这个领域没有进展，科学技术整体上就不可能取得重大突破。”不得不说，三体“元首”的战略眼光要比三体“科学执政官”的“染色”和“神迹”计划要高明得多。

智子的第一个目标是限制人类科学技术的发展，第二个目标则是控制人类的思想和交流。三体文明派出的智子对整个人类社会进行了监视，能够随时获取人类产生的各个介质的思想表达，整个人类社会在三体面前变成了透明状态，除了那些存在于个人头脑中的思想。这就迫使人类想出了“面壁计划”，选出四位面壁者在各自的头脑中对人类面临的挑战及其应对办法进行设想，并以能够迷惑三体人和其他所有地球人的方式实施这些战略。不得不说，“面壁计划”是一项非常复杂的战略规划和实施过程，面壁者首先要隐藏的就是他们的战略意图。

三体文明的 SWOT 分析

在分析完地球文明的优势、劣势、机会和威胁之后，我们来分析一下三体文明的 SWOT。在两个文明的终极对决中，一方的优势往往就是另一方的劣势，而一方面临的威胁也往往就是另一方的机会。

从优势来看，三体文明政权统一，社会结构井然有序，且技术已实现较大突破。三体文明的政权结构是元首领导下的执政官联席会议制，每一位执政官负责一个方面，在小说中出现过的执政官包括监听执政官、科学执政官、军事执政官、工业执政官、农业执政官和科教执政官等。元首对于执政官的生死有裁决权，当 1379 号监听员向地球发出警告信息之后，监听执政官就直接被元首判处了死刑。同时，三体文明在进行重大战略决策时，实施的是民主集中制。例如，在元首将三体舰队派往太阳系所在方向前，需要执政官联席会议审议这个计划。

三体文明的另外一个特点是，在漫长演化过程中，由于外部环境极端恶劣而形成的金字塔式社会结构非常稳定。在模拟的三体游戏中，普通民众会随着君王的号令进行“脱水”和“浸泡”，在生死面前能够做到令行禁止。在现实的三体世界中，位于底层的 1379 号监听员虽然对自己的社会地位不满，但他能做的也仅限于向遥远的未知文明发出警告，而无法改变自己现实中的社会地位。这种稳定的社会结构，对于三体文明集中力量办大事非常重要。比较而言，地球文明的社会结构虽然也非常复杂，但每逢大事必产生混乱。先有地球三体组织对人类的背叛，后有三体统治地球期间帮助维持秩序的叛军。即使在同一组织中，也会因意见分歧产生不同的派别，例如地球三体组织中的“降临派”“拯救派”“幸存派”等。

在科学技术方面，三体文明的发展程度在整部《三体》中虽然仅仅是高于人类文明的存在，但其与人类科学水平的差距仍是明显的，大约领先人类文明数百年，而由于科技加速发展的特点，这样的差距又是非常大的。

三体文明有优势也有劣势，其最大的劣势就是文明所处的环境非常恶劣，三体星系三颗恒星的不规律运动使得三体星的温差和大气变化非常不规律。三体文明发展到能够入侵地球文明的水平，经历了200轮断断续续的文明发展循环。此外，三体文明之所以能够制造和派出庞大的星际舰队，是因为此时三体星系正处于相对稳定状态。如果能够毁灭三体文明的乱纪元在三体入侵地球的过程中不期而至，那么地球所面临的威胁很可能可以自然消除。

与地球文明相比，三体文明最大的劣势在于其个体思维的透明性和个体间沟通的直接性。与地球人类的“讲故事”能力不同，三体人只具备“讲事实”的能力，他们擅长的是自然科学而非社会科学，这也是罗辑可以通过对“黑暗森林法则”的理解对抗三体文明科技优势的原因。在《三体》中，无论是三体文明的监听员还是歌者文明的清理员，都处在社会的最底端。这表明监听和清理在这两个文明中都是最基础的工作，也表明这两个文明并没有从宇宙社会学的角度考虑各星系之间的系统性依赖关系，而直接且粗暴的清理行为正是最终宇宙不得不重启的原因。换句话说，这些单纯追求科学性而忽视社会性的文明，最终导致了包括他们自身文明的宇宙毁灭。

从发展机会来看，三体文明能够在邻近的太阳系找到适合生存的环境是非常幸运的，其接收到来自地球信号的时间正好是发展出星际航行技术的时点。由于人类整体对自然环境的过度利用和人类个体价值取向的复杂性，在地球上出现了很多对人类文明失望的个体，由他们组成的地球三体组织成为三体文明入侵地球的内应，起到了非常大的作用。此外，地球文明的科技加速发展刚刚开始，在基础理论的很多方向都还没有取得重大突破，使得三体人有机会干扰地球基础科学理论的发展，从而限制人类科学技术应用的突破。

从发展所面临的威胁来看，三体文明虽然通过智子对人类理论物理等基础科学发展进行干扰，但在星际舰队从三体星系出发到抵达太阳系这400年间，人类的技术应用水平也可能产生重大突破，从而使部分人类获得逃往外太空的机会。对于三体文明而言，来自地球文明的重大战略威胁主要是人类可能通过自身的思维能力优势设下战略陷阱，使三体文明无法完全展开和实施其占有太阳系的计划。此外，三体文明的发展程度虽然高于地球文明，但从整个宇宙的尺度看，三体文明依然是处于非常初级阶段的文明，其对于歌者文明等更高等级文明而言，也不过只是虫子。正是对于这个威胁的轻视，造成了三体星系主体文明的毁灭。

管理启示录

向上捅破天，向下扎到根

改革开放以来，很多中国企业的传统做法是：在国外企业把科学变成技术后，中国企业把技术引进来变成产品。同时很多中国高校的做法是：在国外同行实现基础理论突破后，中国学者把理论引进来进行应用研究。这种做法在改革开放早期的追赶阶段是高效的，能够很快形成生产力，快速取得一些成果。然而，这就好比《三体》中用传统计算机结构生产了 1 000 亿颗芯片组装成一台超级计算机的人类那样。这样的计算机在“水滴”消灭了整支人类太空舰队后，才发现了“水滴”的存在。

三体文明决定移民太阳系之后，做的第一件事就是锁死人类的基础科学研究。三体人明白，真正决定一个文明的精神和物质发展水平的是科学，而不是技术，科学对于技术的支撑和引领无以替代。科学往往以知识形态存在于无形，而技术以物质形态存在于有形；科学属于上层建筑，而技术则是经济基础的一部分。

2021 年，华为转发了《科技日报》总编辑刘亚东的文章《除了那些核心技术，我们还缺什么》①。文章指出：当前中国在许多核心技术领域被卡了脖子，但这只是表象，问题的实质是我们的基础科学大幅落后于西方发达国家。

当前，中国的经济规模已大幅超过日本，但日本在基础科学方面取得的成就远远超过中国。2001 年，日本定下目标，50 年内拿下 30 个诺贝尔奖。到现在为止时间尚未过半，任务已完成大半，日本成为 21 世纪获诺贝尔奖人数仅次于美国的国家。

作为一家企业，华为在基础研究投入和对基础科学的重视方面非常有特点。2018 年 7 月 26 日，华为在深圳总部举办隆

① 任正非 . 转发《刘亚东：我提出“卡脖子”问题三年了，许多人还不明白，除了那些核心技术，我们还缺什么》[EB/OL].（2021-09-18）.http://xinsheng.huawei.com/cn/index.php?app=forum&mod=Detail&act=index&id=6405307&search-result=1.

重的颁奖仪式，为 5G 极化码（Polar 码）发现者、土耳其埃尔达尔·阿里坎（Erdal Arikan）教授颁发特别奖项。华为认为，产业振兴的根本在于基础研究，科学家们数十年厚积薄发所形成的理论突破，为产业技术发展指明了方向。在华为每年 150 亿～ 200 亿美元的研发费用中，有 20% ～ 30% 用于基础研究。

华为非常重视与高校和研究院所的合作。任正非常说：华为会加大对教授的资助，加大和高校的战略合作。华为和高校教授在基础研究的合作主要是通过资助优秀教授，获得知识的知情权，不谋求教授和科学家的知识产权，不谋求论文的署名权。

任正非认同基础研究是把钱变成知识的观点，他说，华为有一个路径图，技术喇叭口子足够大。当这个技术距离实现产业化还有很多年时，华为可能投资一点点，放个芝麻；距离只有 20 年了，华为多投入一点，放一个西瓜；距离只有 5 年了，华为就用“范弗里特弹药量”重点投入，增强对准主航道的作战能力，把钱变成知识。华为的 2012 实验室聚焦 5 ～ 10 年就能实现产业化的技术研究，而远期的基础研究，就请大学教授、科学家去做。

做好清理：《三体》中的应变局

在《三体》小说全文中搜索“计划”一词，可以找到 472 处，其中绝大多数都是人类制订的计划。在所有的计划中，被提及最多的是“面壁计划”（114 处），其次是“阶梯计划”（48 处），最后是“掩体计划”（22 处）。从这个大致统计结果可以看出，“计划”主要是人类文明制订的，三体文明的计划通常非常简单。我们可以把《三体》中的主要计划按照SWOT分析框架罗列出来，分别从ST战略、SO战略、WT战略和WO战略等四个维度分析人类文明和三体文明如何制订战略计划来应对变局（见图5-4）。

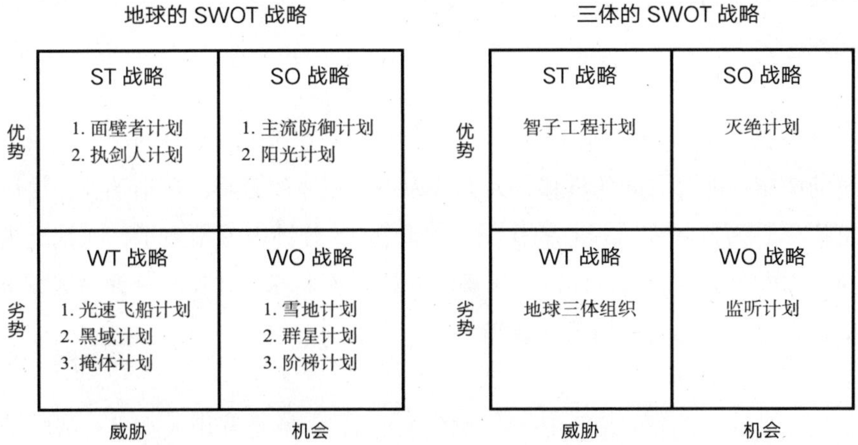

图5-4　地球文明和三体文明的SWOT战略计划分析

地球文明：计划的巨人，行动的矮子

对于人类而言，最大的优势是思维的复杂性，最大的威胁是三体人入侵。在整部《三体》中，人类有两个最主要的战略计划，一个是“面壁计划”，另一个是“执剑人计划”。“面壁计划”开始实施的时间是危机纪元3年，而执剑人计划开始实施的时间是威慑纪元元年。

面壁计划有四位面壁者，分别是美国国防部前部长弗里德里克·泰勒、委内瑞拉总统曼努尔·雷迪亚兹、英国科学及脑科学诺贝尔奖得主比尔·希恩斯和中国人罗辑。三体对应前三位面壁人分配了破壁人，任务是找寻面壁者的真实计划，并揭穿公布于众。泰勒的真实意图为利用球形闪电，让人类军队量子化，被识破后自杀。雷迪亚兹的真实意图是在水星建立大量氢弹，以太阳系毁灭威胁三体放弃侵略战役，被识破后遭民众攻击而死。希恩斯的真实意图为在人类脑中植入失败主义思想，以求人类能够尽全力谋求逃亡计划，也被识破。只有罗辑悟出了“黑暗森林法则”，并通过向宇宙发射“咒语”，实现了对三体的威慑制衡，使人类进入威慑纪元。

罗辑在威慑纪元的前 60 年担任执剑人，负责在危急时刻触发威慑系统的按钮。随着时间的推移，人类认为来自三体的威胁已逐渐消除，决议更换程心为执剑人。程心的执剑人生涯在 15 分钟内就结束了，在她成为执剑人的 5 分钟后，三体的“水滴”开始进攻地球，并在 9 分钟内摧毁了威慑系统。执剑人计划至此破产。

无论是“面壁计划”还是“执剑人计划”，都是利用人类进行战略谋划优势来应对所面临的外部威胁。罗辑之所以能够成为一位合格的面壁者和执剑人，是因为他既有高超的战略谋划能力，也有坚定的战略执行能力。另外三位面壁者失败的重要原因是他们的战略规划都没有在战略理论方面实现突破，而罗辑的计划是基于“宇宙社会学”基本原理。程心之所以不能成为一位合格的执剑人，原因也是她没有理解“黑暗森林法则”，想当然地认为人类文明可以和三体文明在地球共处。

从严格意义上来说，人类设计的计划中，只有罗辑实施的面壁计划是成功的，其他包括执剑人计划在内的所有计划，都以失败告终。罗辑实施的面壁计划成功的最根本原因是运用了人类在思维方式上的巨大优势，在这个优势失效后，人类的最终命运已然确定。例如，人类在广播纪元已把太阳系的位置向宇宙中进行了广播，面对随时可能到来的高等级文明的打击，人类制订了三个文明延续计划：掩体计划、黑域计划和光速飞船计划。

掩体计划假设外星文明会使用“光粒”对太阳进行直接打击，根据预测，太阳系的四颗巨行星（木星、土星、天王星和海王星）将在打击后保持完好。因此，人类可以在这四颗行星背向太阳那一面建立太空城，依靠着四颗行星作为掩体，抵御太阳爆发时的巨大冲击。掩体计划是三个计划中真正被实施的那一个，但最终失败了，其原因是外星文明没有使用“光粒”，而是用“二向箔”直接把整个太阳系降维了。

黑域计划本质上是一个示弱计划，通过把太阳系转化为低光速黑洞发布宇宙安全声明，即告诉太阳系外的其他文明：人类永远不会越出太阳系对其他文明产生威胁。然而，人类最终还是无法掌握能够产生太阳系级别黑域的方法，而这个方法竟然是大多数人极力反对的光速飞船计划。光速飞船计划是三个计划在技术方面最可行的一个，该计划通过制造数量有限但能够达到光速的飞船，让一部分人类踏上宇宙航行之旅。这个计划最大的阻力来自民众的反对，归根结底是谁有资格上飞船的问题。

面对来自比三体文明更高等的外星文明的威胁，人类制订了三个文明延续计划，但都失败了。最终，只有程心和艾 AA 两个人乘坐着唯一的一艘光速飞船逃出了太阳系。人类的这三个 WT（劣势-威胁）战略之所以失败，本质原因在于，人类没有在这些战略中利用自己的优势，而是充分暴露了自己的劣势。例如，掩体计划因低估外星文明的发展程度而失败，黑域计划因高估自己的宇宙雄心而失败，光速飞船计划则因为过度追求虚幻的民主和平等而流产。

面对不确定性的未来，人类常常产生自身优势的幻觉。例如，在面壁计划中，面壁者提出的方案，往往因为与主流防御计划不一致而被搁置。进行这些表决的行星防御理事会成员不曾想到，之所以需要面壁计划，正是因为主流防御计划无法满足人类对三体文明入侵的防御。更可笑的是，人类甚至提出过“阳光计划”，主旨是：人类一旦取得与三体战争的胜利，就应该在太阳系为战败的三体文明提供生存空间。《三体》中有一句经典的表述：“弱小和无知不是生存的障碍，傲慢才是。”人类在把所有星际战舰按检阅方阵排列去迎击三体的“水滴”时，在把执剑人从罗辑换为程心时，在选择“掩体计划”而非“光速飞船计划”时，都在一次次重复这个错误。

当然，并非所有的人类计划都是妄自尊大，也有一些计划体现了人类面临威胁尽力避免自身劣势的谨小慎微。例如，为了监视三体派到太阳系的 9 个“水滴”的行踪，有人提出了“雪地计划”，即利用恒星级氢弹和海王星的油膜物质制造太空尘埃云，以便在“水滴”穿过时显示其踪迹。然而，由于耗资巨大，人类最终放弃了雪地计划，也失去了“水滴”的行踪。

人类文明在与三体文明数百年的较量过程中，制订了众多的战略计划，最终成功的不多，其主要原因有二。一是战略的制订没有充分利用人类的真实优势，或者基于自己妄想出来的优势，或者主动把自己的劣势暴露给敌人，导致这些战略在制订之初就注定会失败。二是战略执行不坚定，或者是因为战略执行人（如程心）犹豫不决，或者是因为战略推进过程中顾虑太多（如光速飞船计划），或者是因为“吃瓜群众”的评头论足（如雪地计划）。

三体文明：简单的战略，坚定的执行

反观三体文明，虽然其战略制订能力和人类文明相比，好像相差甚远。甚至如三体人所说那样，如果对阵的一方采用了某种谋略，而另一方只要直接开口相问，制订谋略的一方必然会坦诚相告。在与地球文明的较量中，三体文明的战略数量很少且简单直接，其中最成功的当属智子计划。智子计划结合了三体人的技术优势和所面临的来自地球文明的技术爆炸带来的潜在威胁，提前锁定地球文明的基础理论研究，并对人类活动进行全面监视，是三体文明所有战略的基石。

此外，三体文明还利用人类中一些对地球文明失望的个体组成地球三体组织，发展对地球文明科技、政治、社会等全方位的干扰，在很大程度上弥补了三体文明战略思维方面的劣势。三体文明在自身具有优势和机会的情况下所实施的战略从来都是简单直接，从不拖泥带水。例如，当程心成为执剑人之后，三体文明一秒钟都没有耽误，在最短时间摧毁了地球的威慑系统，接着就展开了人类灭绝计划。

对比人类文明和三体文明的战略能力，人类文明的优势在于战略制订，而三体文明的优势在于战略执行。这个差别在一定程度上来自两个文明不同的社会结构。人类文明的社会结构具有更高程度的复杂性，虽然社会阶层分化明显，但自由平等观念深入人心，这一方面有利于各种想法的涌现，另一方面也不利于战略决策的执行。

三体文明的社会结构则更加简单，文明个体的透明思维使得他们无法隐藏自己的不同想法，因此也不会产生不同想法，这虽然不利于多样化思维的发展，但对战略决策的执行有非常大的帮助。总之，如果把企业比作一个文明，那么，**成功的企业应该既具备人类文明的战略规划能力，又具备三体文明的战略执行能力。**

管理启示录

进攻是最好的防御

在与人类文明的竞争中，三体文明的策略就是进攻，进攻，不停地进攻。而人类中也有“进攻是最好的防御”理念的信奉者。托马斯·维德的口头禅就是：“前进，前进，不择手段地前进。”在文明的生存竞争中，防御往往是低效率的。面对黑暗森林打击威胁时，人类有三个可选计划：黑域计划、掩体计划和光速飞船计划。

黑域计划的目标是降低太阳系的光速，使得物体再也无法飞出太阳系，这样一来，太阳系对于其他高等级文明来说就是一个安全区域。然而，人类最终也没有想出能够制造出大范围黑域的方法。

掩体计划的内容是在几颗类木行星的背面制造太空城，把人类迁移到太空城中去，躲避来自其他文明的“光粒”打击。这个方案是人类最终实施的方案，但并没有能够逃过来自歌者文明的“二向箔”降维打击。

光速飞船计划就是制造能够接近光速飞行的飞船，把一部分人类转移到太阳系之外的其他星系。由于这个计划能够转移的人数有限，所以最终被放弃。然而，只有光速飞船计划才是能够保证人类文明得以较好延续的计划。同时，如果有上千艘光速飞船同时向太阳系外飞行，其尾迹就可以产生一个低光速安全区域。由此可以同时实现“进攻”和“防御”。这也印证了“进攻是最好的防御”的说法。

2014年，在华为质量与变革联合颁奖典礼上，时任轮值CEO、变革指导委员会主任郭平做了《拥抱变化、担负使命》的讲话[①]。郭平说：在这个时代唯一不变的就是变化。变革就是要做时代的企业，只有适应变化的企业才能生存。华为的变革要由愿景驱动，否则只能是一堆杂乱无章、互不相容的项目，不可能形成一个整体。高歌猛进中的华为最缺乏的是变革紧迫感，各层组织"为赋新词强说愁"。我们要识别变革中的障碍，正视它、处理它，将变革中的障碍一一扫除。

蓝军是华为内部变革的推动组织之一。任正非高度支持蓝军组织的建设，他说："要想升官先到蓝军去，不把红军打败就不要升司令。红军的司令如果没有蓝军经历，也不要再提拔了。你都不知道如何打败华为，说明你已经到天花板了。"

面对日益激烈的竞争环境，华为向来强调行动力、强调进攻是最好的防御。任正非说："要打破自己的优势，形成新的优势，我们自己不主动打破自己的优势，别人早晚也会来打破。一定要把华为公司的优势去掉，去掉优势就是更具优势。"

在进攻中，华为强调多路径、多梯次、多场景的梯队建设。认为未来战略一定是坚持持续创新，分ABC角色，A角定位现实主义、B角构建理想方案、C角努力实现自立。ABC角之间可以轮换、相互竞争。A角是直攻山头，目标是胜利，来不及顾及更远的未来。当A角攻下山头后，B角要站上去，广开视野，研究

---

① 郭平．拥抱变化、担负使命——在2014年华为质量与变革联合颁奖典礼上的讲话[EB/OL]. (2014-11-06). https://xinsheng.huawei.com/next/#/detail?tid=6814567.

如何优化对山头的攻击。A、B 两股力量汇在一起，承前启后进行产品更深、更广的改造。

C 角是在某些零件得不到供应时实现自利。华为鼓励优秀的员工长期默默无闻地做 C 角，认可 C 角是伟大队伍中的一员，只有这样才能保证企业长盛不衰。对比 A、B 角，C 角的目标是攀登珠穆朗玛峰，B 角的任务是优化登山路线，A 角的任务是在攀登的途中沿途“下蛋”。

06 天荒地老：文明的使命、愿景和价值观

黑暗森林：卑鄙是卑鄙者的通行证

生存是文明的第一需要

“卑鄙是卑鄙者的通行证，高尚是高尚者的墓志铭。看吧，在那镀金的天空中，飘满了死者弯曲的倒影。”这是诗人北岛的诗歌《回答》中的名句。

如果把这句话应用在《三体》中，对应的就是宇宙社会学基本公理：（1）生存是文明的第一需要；（2）文明不断增长和扩张，但宇宙中的物质总量保持不变；（3）猜疑链，即宇宙中的不同文明会猜疑对方会采取各种手段毁灭自己；（4）技术爆炸，即任何一个不起眼的小文明在宇宙尺度中可能很快通过技术大爆炸超越自己的文明。

因为“生存是文明的第一需要”，所以“卑鄙是卑鄙者的通行证”。由于“文明不断增长和扩张，但宇宙中的物质总量保持不变”，所以“高尚是高尚者的墓志铭”。“猜疑链”和“技术爆炸”的“黑暗森林法则”决定了，“在那镀金的天空中，飘满了死者弯曲的倒影”。

《三体》的基本色调是黑色的，刘慈欣对于宇宙文明的基本假定是生存高于一切，“黑暗森林法则”决定了文明层面的行为模式。然而，文明能够成为文明，就不仅仅有这样一个第一需要，还有其他需要，如爱和被爱的需要。因此，《三体》并不完全是黑色，那飘满了死者弯曲倒影的天空，还有一个镀金的边。人类经历了种种磨难，虽然地球家园被毁灭，但人类在外太空建立了多个世界，而且参与宇宙的最终重启，文明得以延续。

我们可以从行为动机上理解《三体》中的关键人物，把个体按照行为动机分为利他和利己两个类型（见图 6-1）。首先，在所有文明中，绝大多数个体都是普通群众。虽说历史是由人民群众创造的，但普通群众往往是通过创造英雄的方式间接创造历史，而普通群众本身一般都是旁观者，其个体的影响力非常有限。

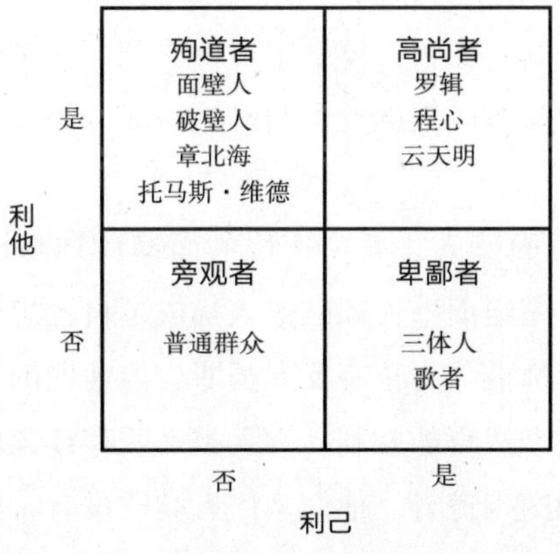

图 6-1 《三体》中的四类人

其次，按照“生存是一切文明的第一需要”这个法则，存续下来的文明都是利己的，其差别在于文明是否有利他的基因。在《三体》中，三体文明和歌者文明基本没有展示任何利他基因。用歌者的话来说，就是“存在高于一切，在生存面前，宇宙中一切低熵体都只能两害相权取其轻”。这里所说的低熵体就是文明，两害相权取其轻就是宁可错杀不能错放。

就三体文明而言，虽然三体世界在威慑纪元向人类文明传输了一些科学技术，但人类实践证明其中一些关键的和基础的信息是错误的和误导的。虽然来自三体的智子在多个场合以温婉贤良的女子外形示人，但其身穿迷彩服，手持武士刀，逼迫地球人自相残杀的行为把三体文明卑鄙者的嘴脸暴露无遗。

利他是最大的利己

面对科学和技术发展程度远高于人类的外星文明，人类文明如何生存和延续，这是一个问题。虽然刘慈欣在《三体》中一直强调“黑暗森林法则”，但仅仅依靠“黑暗森林法则”，人类文明肯定是无法在外星文明的无情打击下生存下去的。在《三体》中可以看到，大多数人类主人公身上都有利他基因，其中又可以根据他们利己的情况分为殉道者和高尚者。

人类一共有四位面壁人，其中三位的面壁计划都没有成功，被对应的破壁人识破了。这三组面壁人和破壁人都成了自己思想的殉道者。三位被识破的面壁人虽然都被认为犯有反人类罪，但他们的计划都是以牺牲部分人为代价，换取整个战役的胜利，为人类文明存续谋取一线生机。三位破壁人更是不折不扣的殉道者，他们坚信人类已没有希望，而作为异族的三体人可以拯救人类，其中更有甚者，以毁灭人类文明为手段，帮助三体文明占领地球。

除了面壁人，《三体》中还有两位硬汉形象，一位是章北海，另一位是托马斯·维德。章北海出身军人世家，祖孙三代都在具有光荣传统的中国军队服役。然而，基于对地球文明和三体文明实力的分析，章北海认定地球文明很难在末日战役中取胜。为此，他先是刺杀了三位可能把人类航天技术引向错误发展方向的科学家，而后在末日战役爆发前驾驶“自然选择”号逃离战场，并吸引“蓝色空间”号等四艘战舰追击，为人类文明的延续留下了火种。

托马斯·维德是一个典型的行动派，初次见面，他就问程心：“你会把你妈卖给妓院吗？”维德在战略情报局局长这个以欺骗和背叛为核心的职业上成就斐然，他成功地把云天明的大脑送到三体世界，获得了至关重要的战略情报。维德曾经打算竞选执剑人，虽然没有成功，但在三体文明眼中，维德的威慑力稳定在100%，甚至高于第一代执剑人罗辑。维德的口头禅是“前进，前进，不择手段地前进”。为了达到目的，他甚至不惜枪击程心和威胁用反物质子弹击毁太空城。虽然维德最终被人类处死，但他那句“失去人性，失去很多；失去兽性，失去一切”成了对人类命运的预言。

读过《三体》的人，相当一部分不喜欢程心，也对云天明无感，但这两位却成为活到最后的少数几个地球人。虽然程心和云天明阴差阳错没有能生活在一起，但云天明先是送给程心一颗恒星，后是送给程心一个小宇宙，浪漫程度“爆表”。云天明和程心都算得上高尚者，既利己，也利他。云天明的利他源于对程心的爱，程心的利他源于对人类的爱。有人说：“利他是最大的利己”，这在程心身上表露无遗。程心前后两次搞砸了人类的命运，第一次是在三体进攻地球时按下威慑系统触发开关，第二次是在维德开发光速飞船时叫停了研究项目。然而，两次她都得到了民众的原谅，甚至热爱。在一定程度上说，人类文明在“黑暗森林”的打击下能够延续，可能也是因为有爱。

在《三体》结尾，如果所有小宇宙都不把物质还给大宇宙，大宇宙就无法重启，所有文明将在膨胀中死去。“卑鄙是卑鄙者的通行证，高尚是高尚者的墓志铭”，这句话如果放在大时间尺度上，可能会变成“卑鄙是卑鄙者的通行证，此路不通；高尚是高尚者的墓志铭，文明永恒”。毕竟，时间是最残酷的。

管理启示录

以“利他”实现“利己”

在《三体》中，由于“黑暗森林法则”存在，宇宙文明之间很少有利他行为。三体文明与人类文明之间的关系是百分百的利己，而歌者文明对太阳系的打击更是赤裸裸的自我保护。然而，宇宙很大，生活更大。在宇宙中的众多文明中，存在归零者文明和回归运动。在大宇宙最终的回归运动里，相信包括程心和关一帆在内的众多小宇宙，都把从大宇宙中拿走的质量还了回去。这些文明通过利他实现了利己，使大宇宙得到重生。

华为轮值董事长郭平在2019年的新年致辞中说：“随着大国博弈加剧，未来的商业环境将更为不确定，我们无法改变宏观大环境，唯有踏踏实实改善产业小环境。我们要加大全球产业布局与投资，切切实实为当地贡献价值，争取公平竞争的商业机会。要在内外部建立‘场态’，积极与政府、媒体、伙伴、供应商、产业标准组织等进行沟通，我们每一位员工都是华为价值观的传播者、代表着公司的形象。我们也要理解西方价值观，运用西方思维解决在西方遇到的问题。以'利他'实现'利己'，合作共赢，优化营商生态。"

"利他"的理念在华为有多方面的体现。例如，"以客户为中心"就要求员工能站在客户角度考虑问题，帮客户解决根本问题，持续为客户带来价值。2001 年初，黄卫伟教授在《华为人》报上发表了《为客户服务是华为公司存在的理由》一文。事后，任正非专门找到黄教授，问他为什么把"唯一"两个字拿掉了。任正非最初的提法是"为客户服务是华为公司存在的唯一理由"，在以后的很多年里，他都一直这样讲。

黄卫伟教授后来回忆到，之所以把"唯一"去掉，是因为受西方企业股东至上理论的影响①。然而，由于华为是一家员工持股公司，员工就是股东，股东利益之上就是员工利益之上，这是"利己"。与此相对应，客户是华为公司外部利益相关者中最重要的人，以客户为中心就是"利他"。

"为客户服务是华为公司存在的唯一理由"既体现了华为公司的价值观，也反映了企业发展的基本哲学逻辑：通过利他来利己，越是能够利他，就越是能够利己。现实中，利己谁都明白，但通过利他达到利己的目的，就不是谁都能真正认识到和自觉做到的了。

① 黄卫伟 . 我对"为客户服务是华为公司存在的唯一理由"的认识过程 [EB/OL]. (2017-08-31). https://xinsheng.huawei.com/next/#/detail?tid=6794579.

死神永生：高尚是高尚者的墓志铭

俗话说："盖棺定论"。墓志铭是评价一个人最简洁的方式，很多人奋斗一生，为的就是在自己的墓碑上写上自己的成就、理想或人生感悟。例如，牛顿去世后，被葬在威斯敏斯特圣彼得大教堂，他的墓碑上镌刻着诗人亚历山大·波普为他写的墓志铭："自然与自然的定律，都隐藏在黑暗之中；上帝说：'让牛顿来吧！'于是，一切变为光明。"再如，科幻作家阿瑟·克拉克的墓碑上写着："他从未长大，但从未停止成长。"

人类宿命是科幻小说永恒的主题，所以，"墓"也是科幻小说中常用的词语。很多读完《三体》的人都说没读懂，尤其是《三体 3：死神永生》不好读懂。的确，读完一部 90 万字的著作本身就是一个挑战。况且，《三体》还是一部硬科幻，书中不仅有很多普通人不曾掌握的物理学知识，更有很多让所有人都眼界大开的脑洞。然而，读懂《三体》可以有很多方法，其中一个就是读懂书中的"墓志铭"，从而理解故事主线，进而把握核心思想。

在《三体》全文中，可以搜到 150 处带"墓"的词语，主要有"墓碑""墓地""墓岛""墓志铭"等。这 150 处"墓"所讨论的主要是 12 个场景，按书中出现的顺序排列，见图 6–2。

第一个出现的是"三体"游戏中的"三体纪念碑"，这是一款在三体人授意下由地球三体组织开发的大型游戏，而三体纪念碑是游戏中出现的少数几个真实存在于三体世界的场景，说明三体纪念碑对三体世界非常重要。三体纪念碑是一架顶天立地的巨型单摆，在三体人的神话故事中被用来给太阳神催眠，保佑三体拥有稳定的恒星环境。而在现实中，三体纪念碑被看作一个墓碑，纪念三体世界产生和灭绝的近 200 个文明。三体纪念碑的建立，意味着三体人终于意识到“三体问题”无解，而为了文明的延续，必须向外太空寻找生存空间，这也意味着太阳系文明面临着被入侵的风险。

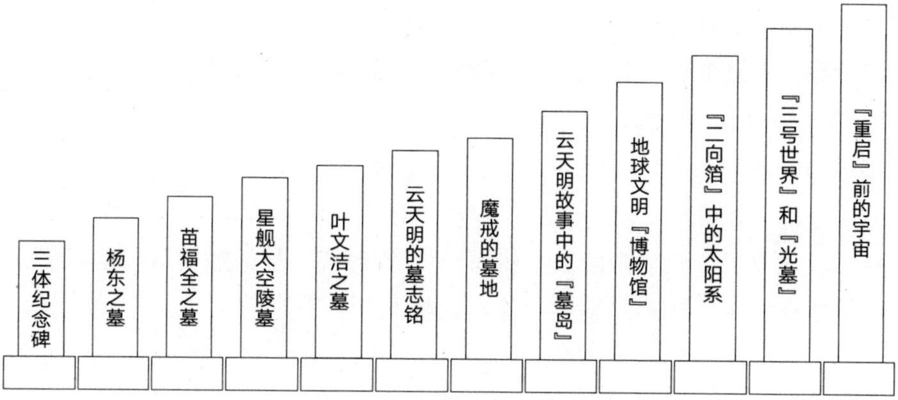

图 6-2 《三体》中的十二个“墓地”

第二个出现的是理论物理学家杨东之墓。杨东是地球三体组织精神领袖叶文洁的女儿，因为三体派出智子对地球基础理论发展进行的封锁，而对自己毕生所从事的事业产生了怀疑，自杀身亡。在杨东的墓前，叶文洁告诉了罗辑两条宇宙社会学的公理：第一，生存是文明的第一需要；第二，文明不断增长和扩张，但宇宙中的物质总量保持不变。此外，还有两个重要概念：猜疑链和技术爆炸。这次对话在多年以后启发罗辑悟出了“黑暗森林法则”，从而影响了人类文明和三体文明的走向。

第三个出现的是苗福全之墓。苗福全是一个普通的地球公民，曾经是山西的煤老板，他在退休后的一天和两位朋友讨论死后埋在哪里。此时，已进入危机纪元，人们对三体的入侵非常担心。苗福全打算自己死后埋在煤矿地下 400 多米的矿井中，而他的两位朋友嘲笑他说：“地球人都能挖到那儿，三体人就不能？沿着墓碑向下挖不就行了？”苗福全说：“要墓碑干吗？墓碑是给人看的，那时已经没有墓碑了。”苗福全死后，果然被埋在了地下深井中。

第四个出现的是两处太空陵墓，其中埋葬的是在末日战役中幸存下来的部分人类星舰战士。在末日战役中，共有 7 艘星际战舰逃出了战场，它们分为两组向两个方向航行。由于逃离非常仓促，所有战舰都没有带足燃料和后备物资。为了生存，星际战舰之间爆发了“黑暗战争”，“蓝色空间”号和“青铜时代”号幸存了下来，他们拿走了其余战舰上的燃料和物资后，建立了两座太空陵墓。然而，“青铜时代”号的船员返回地球后，面对法庭审判时坦诚：“陵墓中并没有遗体。”

第五个出现的是叶文洁之墓。在末日战役后，来自三体的“水滴”封死了人类利用太阳向宇宙发布信号的通道，罗辑面壁计划的原定方案失败。在后来的雪地工程中，罗辑找到发射信号的新方法，于是他来到了叶文洁和杨东的墓旁，为自己挖了一个坑。扶着墓碑，罗辑开始了和三体世界的对话。罗辑把一把手枪抵在自己胸口，告诉三体：“现在，我将让自己的心脏停止跳动，与此同时我也将成为两个世界有史以来最大的罪犯。”原来，罗辑把自己的生命体征和发出宇宙广播的系统连接起来，如果他的生命体征消失，广播就会发出，三体星系和太阳系的位置将同时暴露在宇宙高等级文明的视线中。罗辑的威慑成功了。

第六个出现的是云天明的墓志铭。云天明本来是个小人物，得了白血病快死了。他的同学胡文因为云天明早年的一个主意发了财，给了云天明 300 万元作为酬谢，云天明用这笔钱买了颗恒星送给了梦中情人程心。程心在行星防御理事会战略情报局工作，需要把一个快死的人的大脑送到三体世界，于是想到了云天明。程心找到云天明时，云天明正在安乐死程序的过程中。云天明想："自己的墓志铭是什么？"他不确定自己会有墓，如果有的话墓碑上应该写："来了，爱了，给了她一颗星星，走了。"这个墓志铭和《红与黑》作者司汤达的墓志铭类似，后者的墓碑上写着："活过、写过、爱过。"

第七个出现的是魔戒世界的墓地。此时，"蓝色空间"号的三位成员进入了一个四维空间，开始和这个叫"魔戒"的空间交谈。魔戒说："我是墓地。"人类问："谁的墓地？"魔戒说："这个墓地建造者的墓地。"人类问："这是一艘宇宙飞船吗？"魔戒说："曾经是飞船，死了以后就是墓地。"人类问："你是谁？和我们说话的是谁？"魔戒说："我是墓地，墓地在和你们说话，我是死的。"

从与魔戒的对话中，人类明白了一个道理："所有大海都会变成水洼，最后干涸；所有文明都会变成墓地，终将死亡。"这次与四维空间的对话改变了"蓝色空间"号和"万有引力"号，也改变了人类的命运。对话后，"人类文明的两粒种子继续向星海深处飘去，不管命运如何，一切总算又开始了"。

第八个出现的是云天明故事中的"墓岛"。在一次与程心的远程对话中，云天明讲了三个故事，故事中有一个地方叫墓岛，墓岛上有位深水王子，是无故事王国的王位继承人。深水王子有一天到墓岛上去钓鱼，墓岛和王国之间的海水里出现了大量的饕餮鱼，这些鱼能够吃掉任何船只，于是深水王子被困墓岛。同时，无故事王国也因被海水围困而与外界失去了联系，从原来的有故事王国变成了无故事王国。云天明讲这个故事是为了启发人类，要想生存就要逃离墓岛，而危机中的太阳系很可能成为人类的墓地。

第九个出现的是地球文明“博物馆”。这个博物馆位于冥王星上，建造的目的是在“黑暗森林”打击中保存人类文明历史上的一些珍贵文物。建造者最开始设定的信息保存标准是10亿年，结果发现这不可能实现，后来改成了1亿年，但最终发现所有高科技手段都只能将信息保存很短时间，而“把字刻在石头上”这种最原始的信息保存方式的效果是最好的。于是，这个地球文明博物馆真的就建成了一座类似墓地的建筑。在太阳系遭到黑暗森林打击后，随着冥王星的毁灭，这座人类文明墓地也消失了。

第十个出现的是被“二向箔”降维了的太阳系。毁灭三体星系的“黑暗森林”打击用的是“光粒”，这是一种高速撞击恒星的打击方式，产生的冲击力可以毁掉恒星和附近的行星，但躲在距离较远的巨大天体背后的物体有可能逃过打击。正因如此，地球文明实施了“掩体计划”，即在太阳系外围的几个类木行星背后建立太空城。然而，太阳系遭到的“黑暗森林”打击形式是“二向箔”，通过把三维空间降维成二维而毁灭所有物体。在外星文明把“二向箔”投放到太阳系之后，整个太阳系在几天内就被二维化了。所有物质都被压扁，成了一幅巨大的画面，像极了凡·高的名画《星空》，而这就是太阳系的墓地。

第十一个出现的是关一帆口中的“三号世界”。程心和艾AA在逃离太阳系后在DX3906星系的蓝星上遇到了关一帆，他是“蓝色空间”号的随舰研究员。此时，“蓝色空间”号和“万有引力”号上的人类已经在宇宙进行了拓荒，共建立了四个世界，其中三号世界是一个“光墓”，自建成之后从来没有人去过，因为去过的人不可能回来。所谓“光墓”，本质上是一个低光速黑洞，是由光速飞船尾迹产生的。建立三号世界的人类用这种方法断绝了和外部的一切联系，使三号世界成为一个安乐的天堂。三号世界和地球毁灭前的“黑域计划”类似，都是通过把自己封闭在“墓地”里，获得安全保障。

最后一个出现的“墓”是在重启前的大宇宙。程心和关一帆一起生活在一个编号 647 的小宇宙中，建造这个小宇宙的物质是从大宇宙中取走的，大宇宙外存在很多类似的小宇宙，这造成了当大宇宙的总质量减少至临界值以下，宇宙将由封闭转为开放，在永恒的膨胀中死去，成为所有文明的墓地。为此，高等级智慧文明发起了回归运动，号召所有小宇宙归还从大宇宙中拿走的质量，重启大宇宙，避免所有文明的毁灭。

这十二个关于墓地的场景构成了《三体》的故事主线：三体向太阳系派出舰队→地球科学发展停滞→地球进入危机纪元→面壁计划和阶梯计划→爆发末日战役和黑暗战争→“蓝色空间”号进入四维世界→云天明的战略情报→地球进入掩体纪元→太阳系被二维化→人类开拓新的世界→宇宙在重启前濒临死亡。

管理启示录

鲜花的背后可能是墓志铭

无视过往的成功，无视过往的胜利，不断与组织病变、组织熵增作斗争，是企业高层领导者群体必须常有的危机意识。一个组织发展到一定阶段，就会滋生各种各样的问题。组织永远面临着正能量和负能量的较量和赛跑。同样，组织衰变就像人的衰老和死亡一样是永恒的主题。但人类跟其他生物巨大的不同是，**人类有强大的自我挑战意识和自我修正能力，并拥有与宿命抗争的遗传积淀和本能力量，这是人类进化历史上最了不起的成就。**

正如《三体》中的“魔戒”所说：“所有大海都会变成水

洼，最后干涸；所有文明都会变成墓地，终将死亡。”2017 年，任正非在市场工作大会上讲话时指出：“历史总是会优胜劣汰的，我们力争晚一些淘汰我们，但我们永远左右不了历史，我们只有努力去在顺应历史中，顽强地表现自己。千古兴亡多少事，不废江河万古流。多少公司在繁荣鼎盛时期轰然倒下，鲜花的背后可能是墓志铭。”[①]

此时，华为各项业务正快速发展，业务规模越来越大，覆盖地域越来越广。然而，作为创始人的任正非看到的不是鲜花，而是墓志铭。他在讲话中一再强调组织活力的重要性，强调加强中高级干部和专家的实践循环，扩大视野，增长见识，提高能力。他说：“万物生长是熵减，战略预备队循环流动是熵减，干部增加实践知识是熵减，破格提拔干部也是熵减，合理的年龄退休也是熵减……不能让惰怠在公司生长。一周只有四十小时用于工作，是产生不了科学家、艺术家的。”

和任正非一样，其他的华为高管在这一时期已多次提到“墓志铭”。例如，时任轮值首席执行官的徐直军在 2017 年新年献词中指出：要防止技能老化和队伍板结，打破稳态结构，充分发挥战略预备队的能力转换作用，让更多的各路专家和干部奔赴战场；自上而下推进各层干部的流动并制度化运作，加强前方、后方干部的轮训，让具有综合成功实践经验和管理经历的干部脱颖而出。徐直军还说，“我们要摒弃‘经验主义’和‘守成心态’；我们要深刻地认识到，过去的成功不是未来的可靠向导，功劳簿的反面可能是墓志铭”。

① 任正非 . 在市场工作大会上的讲话 [EB/OL].（2017-01-11）.http://xinsheng.huawei.com/cn/index.php?app=forum&mod=Detail&act=index&id=3339289&search-result=1.

人性兽性：使命、责任、价值观

注定的命运

《三体》虽然是一部硬科幻小说，但最吸引读者的地方，却在于其主题的意义感、故事的使命感和人物的价值观。这些人文话题就像一根根丝线，串起了一个个科学脑洞，在本已波诡云谲的故事主线上平添了更多悬念。贯穿全文的意义感、使命感和价值观，给人类多舛的命运带来了一些希望，为漆黑的夜空增添了一抹亮色。

从见终局的视角，我们可以倒着阅读《三体》，也可以用这种方法阅读大多数文学作品。虽然这样做可能会损失一些故事情节的悬念感，但"以终为始"可以让我们更好地把握作品主题的意义、人物的使命感和价值观，从而更好地理解文学作品。

在《三体3：死神永生》的最后章节，关一帆和程心在小宇宙中留下了一个漂流瓶和一个生态球，把所有其他物质都归还到大宇宙中，等待大宇宙的重启。这一段体现出来的宇宙目的是"熵增"，当"熵增"达到临界值时，宇宙将通过坍缩实现重启，宇宙中的所有文明将在坍缩中毁灭，但可能会在宇宙重启后重生。书中没有说明宇宙重启是否成功，只交代了如果太多的小宇宙不把质量归还给大宇宙，则可能无法实现重启，宇宙将最终死亡。在程心决定回归大宇宙时，智子对她说："你还是在为责任活着。"

面对责任，有人选择逃避（如那些躲在小宇宙或光墓中的文明），有人选择承担。很多读者不喜欢程心，但正如她"责任的阶梯"这篇回忆中说的，"我只是一个普通人，不幸的是没有能够走过一个普通人的生活道路，我的经历其实是一个文明的历程。每个文明的历程都是这样：从一个摇篮世界中觉醒，蹒跚地走出去，飞起来，越飞越快，越飞越远，最后与宇宙的命运融为一体”。

不只是程心，罗辑也是为责任活着。当罗辑第一次见到庄颜时说：“面壁者是有史以来最不可信的人，是最大的骗子。”庄颜说：“这是你们的责任啊。”罗辑说：“我是个普通人。”庄严点点头：“那一定很难吧？”罗辑原本不是个“负责任”的人，联合国秘书长这样评价他：“从人品看，你玩世不恭，没有责任心……其实我们都清楚，对人类的命运你并不关心。”对人类命运负责，这并不是一个普通人能够做到的。

在跨越几百年的岁月中，罗辑这个平凡人做了非凡事。手握引力波发射器，罗辑置身于宇宙的决斗场，此时剑客的剑不在手里，而在心中，心剑化为目光直刺敌人的灵魂深处……罗辑与三体世界对视了 54 年，他由一个玩世不恭的人变成了一位面壁 54 年的真正面壁者，一位 54 年执剑待发的地球文明的守护人。然而，当罗辑交出执剑人权力的时候，没有人对他说过一句感谢的话，人类不感谢罗辑。

从这里我们可以看出，无论程心和罗辑当初如何选择，人类文明最终的结局都是与宇宙的命运融为一体。无论她是否发出引力波广播，太阳系都会被高等级文明毁灭，只是时间问题。对于人类而言，如果能早一天认识到人类文明是与宇宙文明融为一体的，就应该早一天飞出太阳系，大力发展光速飞船计划，而不是痴迷于掩体计划和黑域计划。人类之所以那样做，就是因为没有看清宇宙的终局。

人性的光辉

在人类中，并不是所有人都缺乏终局思维，章北海和云天明就是其中两位。章北海作为一位人类第一代太空军指挥官，在危机纪元初期就预见到了400年后人类在与三体的末日战役中必败。在章北海下令“自然选择”号全速前进逃离战场时，同事问他：“你是谁？是逃亡主义者吗？”章北海回答：“一个尽责任的军人，为人类生存而战。”从人类固守自己所在星系和三体飞出母星系进行远征这个强烈对比中，我们不难看出这两个文明的差别。

人类在太阳系中固守，体现了对外太空不确定性和不连续性的恐惧，其根本原因在于人类出生在一个温暖的摇篮中。三体文明毫不犹豫地飞出三体星系，体现了其在宇宙航行的不确定性中寻找确定性，在太空探险的不连续性中创造连续性的思维方式。与三体文明相比，人类中真正理解宇宙社会学的可能只有罗辑、章北海、云天明等少数人，而三体则是以“黑暗森林法则”为行动的基本法则，奠定了其与人类文明竞争中的压倒性优势。

云天明从三体文明中获得了对宇宙终局的洞察，结合人类的复杂思维能力，编出了三个小故事，希望把逃出死局的方案传达给人类。但人类由于自身价值观的限制，没有选择光速飞船方案，而是固守在太阳系内，最终被“二向箔”毁灭。

在智子与程心的一次交流中，智子说：“人类无法在打击中幸存，逃亡吧。”程心说：“我们能逃离的人连千分之一都不到。”智子说：“那总比全军覆没强。”程心心想：“从我们的价值观来说，未必。”

从本质上讲，人类文明和三体文明的最大差别不是科技水平的差别，而是社会价值观的差别。在《三体》中“价值观”一词出现过 11 次，几乎每次都与“人类的基本价值观”有关，而这里的基本价值观主要是指人类的人权和平等观念。人权和平等是人类文明的重要组成部分，也是人类面临三体文明入侵的最初诱因。

物理学家叶文洁因父亲在社会动乱中不幸身亡而对整个世界失去了希望，美国“富二代”伊文斯因为目睹环境被破坏而成为物种共产主义者。叶文洁通过红岸基地向宇宙发出邀请信号，希望高等级文明来拯救地球，而伊文斯则利用巨额财富成立地球三体组织，协助三体文明瓦解地球抵抗力量。

在三体文明，最先收到叶文洁信号的是 1379 号监听员。监听员是三体文明中非常卑微的职业，但这位监听员心中存有在三体世界并不普遍存在的“爱”。他向叶文洁发出了示警信号：“不要回答，不要回答，不要回答。”在示警信号发出后，1379 号监听员被三体世界元首召见，并受到严厉的惩罚，一同受罚的还有 6 000 位相关责任人。在三体世界，对犯错的人只有“有罪”和“无罪”两种判决，正如对于生命只有“生存”和“死亡”两种状态一样。

在《三体 2：黑暗森林》的结尾，幸存下来的 1379 号监听员曾和罗辑对话。监听员说：“三体世界也是有‘爱’的，但因其不利于文明的整体生存而一直处于萌芽状态。也许爱的萌芽在宇宙其他地方也存在，应该鼓励她的萌芽和成长。我有一个梦，也许有一天，灿烂的阳光能照进黑暗森林。”罗辑说：“为此，我们可以冒险。”

在故事中，为爱冒险的不是罗辑，而是程心。由罗辑建立起来的威慑系统最终被交到程心手中。威慑系统的一个核心要件是威慑者，即执剑人。与个体相比，群体的威慑力度几乎为零，正如乌合之众理论所说的那样。当罗辑是执剑人时，虽然他心中也有爱，但始终没有因此而放弃对“黑暗森林法则”的信念。当程心成为执剑人后，她是一个“普通人”的事实表现无疑，人类社会的道德和价值观底线让她无法做出毁灭两个世界的决定，威慑系统随即崩溃。

作为读者，我们可以批评程心没有能够成为人类生存的保护者，但从另一个角度看，她也因此没有成为人类的毁灭者。正如罗辑在地球毁灭前对程心说的那样：“孩子，你没有错。”同样的话，弗雷斯老人说过，关一帆也说过：“你没有错。人类世界选择了你，就是选择了用爱来对待生命和一切，尽管要付出巨大的代价。你实现了那个世界的愿望，实现了那里的价值观，你实现了他们的选择，你真的没有错。”从终局的角度看，程心没有错。她不过是选择坚守人类的价值观底线，选择了维德口中的“人性”。维德有句名言：“失去人性，失去很多；失去兽性，失去一切。”的确，维德是三体眼中最合格的执剑人，他的威慑度高达百分之百。然而，对于程心和普通人而言，生存并不代表一切，拥有人性生存才有意义。这也许是刘慈欣安排程心，而不是维德，成为最终活下来的人类的用意吧。

管理启示录

从价值观到核心竞争力

人类文明和三体文明不同的价值观形成了两个文明差异巨

大的核心竞争力。人类文明的优势在于对个体差异的包容性，这促进了人类文化的繁荣、思想的开放，以及较高的战略谋划能力。三体文明的优势则在于个体行为的统一性，这使得三体文明能够在复杂环境中快速识别机会，并坚决执行。优秀企业的价值观应该是人类文明价值观和三体文明价值观的融合，既要对个体差异有一定的包容性，又要具备高效的执行力。

企业的价值观最初来自创始人的价值观。任正非少年时有深刻的饥饿记忆，他母亲的人生信条是：再苦再难也要活下去，大家一起活下去。为此，任正非家中采取了分餐制，这影响了任正非创业后推行的员工持股计划。

“以用户为中心，以奋斗者为本，长期坚持艰苦奋斗。”普通员工为什么要以用户为中心，并且长期坚持艰苦奋斗呢？原因就在于“以奋斗者为本”的利益分配机制。

2008 年，任正非在市场部年中大会上讲话中指出：“我们奋斗的目的，主观上是为自己，客观上是为国家、为人民。但主客观的统一需要通过为客户服务来实现，没有客户服务，主客观都是空的。”[①]

“以用户为中心”和“以奋斗者为本”之间是一对矛盾体。要使奋斗可以持续发展，必须使奋斗者得到合理的回报，并保持长期的健康。但是，无限制地拔高奋斗者的利益，就会使内部运

① 任正非．逐步加深理解“以客户为中心，以奋斗者为本”的企业文化——在市场部年中大会上的讲话纪要 [J]. 管理优化，2008，319.

作出现高成本，就会被客户抛弃，就会在竞争中落败，最后反而会使奋斗者无家可归。因此，要把握好“以用户为中心”和“以奋斗者为本”之间的平衡。为此，要掌握好灰度。

东方文化的一个特点是“开放、妥协和灰度”，这是华为价值观的一部分，也是中庸思想的核心。事物在发展的过程中，随着时间、空间的变化，必要的妥协是重要的。没有宽容就没有妥协；没有妥协，就没有灰度；不能依据不同的时间、空间，掌握一定的灰度，就难有审时度势的正确决策。

如果我们把三体文明和人类文明类比成企业，可以就它们的价值观进行一些分析。首先，“以客户为中心”所要表达的是企业存在的目的是创造客户价值，而文明存在的目的往往是其自身的延续。因此无论是三体文明还是人类文明，都把文明的延续作为第一目标。两个文明的差别在于，三体文明为了生存付出一切代价，而人类文明则好像什么都不愿意失去。

其次，“以奋斗者为本，长期坚持艰苦奋斗”所要表达的是企业的成功要以员工的奋斗作为基础，而奋斗不是一蹴而就的，而是要长期坚持。类比到三体文明和人类文明史上，人类文明在以奋斗者为本方面做得相对好一些，而三体文明的集中体现了长期坚持艰苦奋斗的理念。在人类文明中，个人的平等和自由是价值观的基石；而在三体文明中，严酷的生存环境使个人自由服从于集体利益，而整个文明必须长期和严酷的自然环境做斗争才能生存下来。

最后，在“开放、妥协和灰度”方面，人类文明秉承东方文化的中庸思想，对待外星文明态度更为开放，经常在一些重要问题，甚至是原则问题上妥协。在三体文明中，原则问题往往是非黑即白，没有灰度可言。例如，三体人的审判只有两种量刑：有罪或无罪。

因果目的：预知未来与自由意志

祖父悖论

科幻界有一个著名的“祖父悖论”，最先由法国科幻小说作家赫内・巴赫札维勒在 1943 年提出，是一种时间旅行的悖论。意思是说，如果你回到过去，不小心在你出生前杀死了你的祖父，那么你就不会出生了，这样一来到底是谁回到过去杀死了你的祖父呢？

电影《终结者》就涉及“祖父悖论”问题。终结者机器人 T-800 受命回到 1984 年，杀害康纳的母亲莎拉，目的是阻止康纳的出生。康纳正是未来反抗军的领袖，他得知消息后，派出自己的部下雷斯，去保护自己的母亲。但意外的是，雷斯与莎拉结婚，成了康纳的父亲。未来的手下成了自己的父亲，那么康纳出生后，在未来又怎能派出手下雷斯去保护自己的母亲？

简单来说，如果你改变了与你直接相关的过去，你就不再是你了。类似的，如果你已经预见到与你相关的未来，你该怎么办呢？这个问题与“见终局”有关。当章北海预见到人类在与三体的末日战役中必然失败，他该怎么做呢？当罗辑预见到按下威慑系统按钮后，人类最终将和三体一起在外星文明打击下毁灭，他该怎么做呢？当程心预见到在大宇宙重启之前回归，可能会导致最后的人类在大宇宙重启过程中灭亡，她该怎么做呢？

《你一生的故事》[①]是美国华裔作家特德·姜的中篇科幻小说，讲述了一名语言学家和外星人七肢桶交流沟通过程中发生的故事，电影《降临》就改编自这本小说。地球的上空突然出现了不明飞行物，外星人向人类发出了讯号，但人类却并不能够解读。美国军方找到了语言学家路易斯和物理学家伊恩，希望两人能够合作破解外星人的语言之谜。经过数次的接触，路易斯发现外星人使用了一种极为特殊的圆环状的文字，并逐渐了解了其中的奥妙。

外星人的长相是七条长腿，支撑着一个圆桶状身体，因此叫作七肢桶。七肢桶的文字特点和它们的思维甚至形体都是一致的，文字没有先后，思维没有因果，形体没有前后，七肢桶是一个辐射状长相，甚至连它的手，都是五根触角，写字不是一笔一笔写，而是一喷出来就是一团文字。这是一种非线性排列的文字，一句要表达的概念统一在一个“字”内，这个字就是一个意识语言思维包。语意越复杂，整个字也就越复杂。

语言反映思维方式。路易斯认识到，七肢桶世界的时间不是长河，而可能是一个湖泊。所以，它们知道未来的事情。所以，它们在开始表达一个意思的时候就想好了所有的信息。于是，把所有信息组合成一个字，一起表达出来。就好像写这本书，不是一个字一个字地码，而是整个文件“拷贝”出来。

从这个角度看，七肢桶的表达方式和ChatGPT有些类似。虽然

① 特德·姜.你一生的故事[M].李克勤等，译.南京：译林出版社，2019.

ChatGPT 在给出答案时，是一段一段给出的，但给定人工智能的强大算力，应该是可以瞬间给出全部答案的。这就和七肢桶把所有信息组合成一个字，一起表达出来的方式非常相像了。

语言也改变思维方式。路易斯在和七肢桶的交流中学会了这种语言的表达方式，这对她的思维方式产生了影响，竟然使她能够预见未来。《你一生的故事》就是以路易斯第一人称视角讲述她女儿一生的故事。在外星人到达地球的时候，路易斯没有预见未来的能力，在她学会了外星人的思维方式后，她看到了自己的一生和女儿的一生。

女儿是她和物理学家伊恩的孩子，女儿在 25 岁时死在一次登山事故中，路易斯真切地看到自己在失去女儿时的痛苦，但她也看到了女儿一生的成长过程和给她带来的快乐。路易斯在小说中说道："从一开始我就知道结局，我选定了自己要走的路，这也是未来的必经之路。我循路而前，满怀喜悦，也许是满怀痛苦。"

罗曼·罗兰在《米开朗琪罗传》中有一句名言："世界上只有一种真正的英雄主义，那就是看清生活的真相之后，依然热爱生活。"《你一生的故事》中的路易斯就是这样，看到了终局，依然热爱生活。

预知未来的路易斯为何不去改变未来？这就是那个"如果预见到与你相关的未来，该怎么办"的问题。《你一生的故事》中提到了一个"岁月之书"的寓言故事：一个人站在"岁月之书"前，这本书按时间先后记载了过去与未来的一切事件。这个人翻到记载她生平事迹的地方，发现有一段写着她在翻阅"岁月之书"。她跳到下一段，这段文字详细叙述了她这一天余下的时间会做什么。根据记录，她会在一匹名叫"五月魔鬼"的赛马上下 100 美元的赌注，然后赢回 20 倍。她也想过，就按书上说的做。

可她是个反叛型，偏要下定决心，什么马都不赌。

“岁月之书”不可能出错，上一幕的情景之所以发生，是因为这个人已经确切地知道未来。结果就是悖论：按照定义，“岁月之书”永远是对的，不管这部书里说她会做什么，她都可以按照自己的自由意志，选择做出其他举动。这两个互相矛盾的方面如何统一起来？

答案是不可能统一。正是因为上面提到的矛盾，“岁月之书”这种著作便不可能存在。自由意志的存在意味着我们不可能预知未来，如果能够预知未来我们便不能有自由意志。

这就是为何章北海在预知人类星际舰队必败的时候产生了坚定的意志，这种意志不是他的自由意志，而是作为一名军人的责任。太空军司令员常伟思将军不明白自由意志和预知未来的关系，因此他搞不清章北海坚定意志的来源。

这也是为何罗辑在预知一旦按下威慑系统启动按钮，人类将与三体世界同归于尽，但仍然会坚定地履行执剑人责任的原因。因为他预见到了未来，所以他就不能有自己的自由意志。

这同样是为何程心无法按下威慑系统启动按钮的原因。程心对黑暗森林法则的理解和体会不够深刻，因此她无法预见未来，不相信三体会毁灭人类，于是她就可以有自由意志，选择了放弃执剑人的责任。

我们说，战略的起点是“见终局”。然而，如果真正能够预知未来，知道未来的所有细节，就像“岁月之书”中描述的那样，我们将只能接受，但无法改变未来。所以说，“见终局”只是要求“方向大致正确”。

因果论与目的论

与此相关的，有一个哲学问题：因果论和目的论。当人类以因果论看世界时，是把时间当作一条向前流动的长河，呈线性形式。有过去，有现在，有未来；有过去的因，便有现在的果；有现在的因，便有未来的果。当七肢桶以目的论看世界时，认为世间万事万物的存在，各种现象的发生都是有目的的。这个目的，与过去、现在、未来的时间顺序无关。

康德在《道德形而上学基础》中说："你要如此行动，无论是在你的人格中，还是其他任何人的人格中，你在任何时候都要把人当作目的，而绝不仅仅是当作手段。"康德哲学始终坚持"人是目的"。在《实践理性批判》的结尾处，康德这样说："有两种东西，我们愈经常、愈反复加以思维，它们就使人心充满了翻新不辍、有增无已的赞叹和敬畏：头上的星空和心中的道德法则。"[①] 这里"头上的星空"和"心中的道德法则"，代表了康德哲学的两大主题，即自然与自由，或称感觉世界与理智世界。就有形的感觉世界而言，我们作为自然无穷无尽的因果锁链上的一环，不过是沧海一粟，一粒沙尘；然而当我们作为理智世界中的一员，遵从道德法则行动的时候，就摆脱了仅仅作为一个"物件"的地位，而具有不受自然限制的自由和尊严。

《发条女孩》[②] 是科幻作家保罗·巴奇加卢皮的作品，讲述了一个在未来世界，人类滥用基因改良技术导致天然动植物几乎灭绝，最终当人类开始把基因编辑用在人体之后，残酷的命运与新的希望同时降临到人类身上的故事。《发条女孩》恰好印证了著名物理学家霍金那句大胆的预言：能毁灭人类的，只有人类自己。

---

① 伊曼努尔·康德. 实践理性批判 [M]. 韩水法，译. 北京：商务印书馆，1999.

② 保罗·巴奇加卢皮. 发条女孩 [M]. 崔学海，译. 上海：文汇出版社，2018.

2018 年，南方科技大学原副教授贺建奎利用基因编辑技术对两个婴儿进行了基因修改，这两个婴儿宝宝一出生就可以天然免疫艾滋病毒。消息一出，震动世界，贺建奎遭到全球科学家的谴责，最后，他被法院判处有期徒刑三年。2020 年 12 月，国家把对人体进行基因编辑这个行为正式纳入了刑法规制范围。人们之所以对人的基因编辑如此警惕，从哲学上讲，就来自目的论：人是目的，不是手段。

把目的论映射到人生上，就是“人生是一种体验”。路易斯虽然在怀孕前就知道将会“白发人送黑发人”，但仍选择生下女儿。因为能够预知未来，路易斯更加珍视和女儿一起度过的每一天。正如一些癌症患者，知道自己将不久于人世，但仍然选择快乐的生活。与此类似，罗辑曾对庄颜说：“你的责任就在于，在全人类都不幸福的时候使自己幸福。”

把目的论映射到企业上，就是“发展是一个过程”。所有的企业家都知道，企业终有一天会消亡，但他们仍然会选择创业并推动企业成长。也许这些企业家最终会积累巨额财富，也许将身陷囹圄，但在企业发展过程中一定会创造价值，产生就业，推动社会进步。

因此，无论从人生战略还是企业战略角度，都应该侧重目的论的哲学观点。**人是目的，不是工具；企业是目的，不是工具。**见终局，只能做到方向大致正确。当然，任何观点推到极致都会有害。我们要有目的，但也不能唯目的。**我们应该用目的论指导战略方向，用因果论推进战术行动。**

管理启示录

伟大的背后是苦难

在《三体》中，人类文明和三体文明都是伟大的文明。三体文明在经历了 200 多轮生死轮回后，仍然为了生存不懈努力。在三体星系恒纪元和乱纪元的交替过程中，虽然人们无法预测恒纪元会维持多长时间，但当机会来临时，所有的“脱水人”都会毫不犹豫地“浸泡复活”，然后投身到文明的建设中。

在外星文明利用“光粒”毁灭了三体母星后，程心问智子：“有多少人逃离了？”智子专心于茶道，没有抬头，她轻轻地说：“加上已经远航的舰队，不到千分之一。”智子对程心说：“人类应该逃亡。”程心说：“我们能逃离的连千分之一都不到。”智子说：“那总比全军覆没强。”程心心想：“从人类的价值观来说，未必。”

由于人类的价值观和三体文明的价值观不同，在外星文明的降维打击中，人类几乎无人逃出生天，但这却不妨碍人类文明也成为一个伟大的文明。所有的面壁者都看到了人类文明的终局，但他们仍然选择尽一个人类公民的责任，坚定地执行自己制定的战略计划，通过冬眠跨越到末日之战的时刻，而不是选择在和平年代苟且偷生。

从因果论看，经历苦难不一定成就伟大。从目的论看，伟大背后一定充满苦难。

2015 年初，美国摄影家亨利・路特威勒的摄影作品“芭蕾脚”作为华为的形象广告在全球投放，该图所配的文字是罗曼·罗兰的名言：“伟大的背后都是苦难。”随后，任正非在达沃斯论坛接受访问时表示：一双跳芭蕾舞的脚，一只是好脚，一只是坏脚，就是华为人生，“痛并快乐着”。罗曼·罗兰还有另外一句话：“人们总是崇尚伟大，但当他们真的看到伟大的面目时，却却步了。”

2019年4月，任正非在网上看到一张二战中被打得像筛子一样却安全返航的伊尔-2飞机的照片。这张照片也成了华为的形象广告，广告词是：“没有伤痕累累，哪来皮糙肉厚，英雄自古多磨难。”任正非后来解释道：我觉得它很像当时公司的情况。我们自己就是一架千疮百孔的“烂飞机”，这个飞机被打得到处都是洞了，但我们还要一边飞一边修补洞，争取能够飞回来。

第三部分

生死宇宙

做好自己，藏好清理

“藏好自己，做好清理”，这句话在《三体》三部曲中虽然只出现过两次，却是整套书的精髓所在。如果说，“黑暗森林法则”是《三体》中宇宙文明生存的理论基础，那么，“藏好自己，做好清理”，就是每个文明的行动指南。实际上，《三体2》的副标题“黑暗森林”的核心思想就是“藏好自己”；而《三体3》的副标题“死神永生”的核心思想就是“做好清理”。

“藏好自己”正如罗辑向史强解释“黑暗森林法则”时所说“在（宇宙）这片森林中，他人就是地狱，就是永恒的威胁，任何暴露自己存在的生命都将很快被消灭”。所谓“做好清理”，意思是“如果发现了别的生命，不管是不是猎人，不管是天使还是魔鬼，不管是娇嫩的婴儿还是步履蹒跚的老人，也不管是天仙般的少女还是天神般的男孩，能做的只有一件事：开枪消灭之”。

在宇宙尺度上，文明面对严酷的环境，为了生存下去，采取“藏好自己，做好清理”这种“低成本”的策略，在逻辑上是合理的。但是，读完《三体》，很多人都会有一种难以释怀的压抑感。觉得不应该是这样，为什么文明之间不可以合作呢？对此，小说中的解释是“猜疑链”和“技术爆炸”。因为猜疑链的存在，无法了解其他文明是善意还是恶意，也无法让其他文明相信自己是善意的。因为技术爆炸的存在，无法保证现在弱小的文明是否会超越自己的文明，进而消灭自己。因此，“藏好自己，做好清理”就成为文明最理性的选择。

然而，作为人类，我们读到这里，之所以产生压抑感，可能还是因为现实中的一些人或企业遵循“黑暗森林法则”，而这些行为对社会有极大的伤害。经历了三年疫情冲击，人们的这种感觉可能越发明显。

在现实社会，虽然生存压力也很大，资源也有限。但人们可以相互沟通，破解“猜疑链”带来的不信任。有了彼此间的信任，“技术爆炸”就不再是一种威胁，而是一种机会。人类社会可以在相互信任的基础上，向着“科技向善”的方向发展。可见，在整个机制中，信任是至关重要的。人类社会几千年以来，依靠亲缘、血缘、地缘等因素发展起来的信任关系，有可能在技术冲击、社会变化、资源匮乏等因素的影响下变得脆弱。

与科幻中的生死竞争设定不同，现实世界中，生存可能是每个人和企业的“第一”需要，但不是“唯一”需要。每个人都生活在集体之中，每个企业都存在于社会之中，集体和社会的需要在很大程度上调整着个人的需要。不能把个人与集体、企业和社会对立起来，不能把“第一”当作“唯一”。

“藏好自己，做好清理”，还是“做好自己，藏好清理”，是每个人面临的选择。

07 上兵伐谋：科幻中的竞争战略

兵者诡道：三体人的计谋

思维透明

《三体》中有一个重要设定：三体人的思维是透明的，而人类想的和说的可能不一致，这就导致人类在计谋上可能超过三体人。基于这个假定，联合国制订了面壁计划，试图通过面壁者个人进行的战略设计和实施，瞒过三体人派在地球的智子对人类的监视，在与三体人的竞争中取得一些优势。

三体人的思维是透明的，这件事情是三体人通过智子告诉地球三体组织领导者伊文斯的。智子说：三体人花了很长时间才明白“想”和“说”不是同义词。三体人之所以有这样的困惑，主要是因为他们没有交流器官，大脑思维是通过电磁波直接显示出来的。与三体人不同，人类是用大脑想问题，但用语言或文字表达思想，这就造成思维和表达之间可能存在差异，而这些差异带来的信息不对称，使得人类中的思想者相对于他人具有信息优势。

三体文明在通过智子把“三体人的思维是透明的”这样一个信息传递给人类之后，说了一句“我害怕你们”，就切断了和包括地球三体组织在内的所有人类的联络。从此，三体人在相当长时间对人类而言真的成为“不透明”的了。

联合国从地球三体组织那里获得这个情况后，制订了面壁计划。面壁计划的核心，就是选定一批战略计划的制订者和领导者，他们完全依靠自己的思维制订战略计划，不与外界进行任何形式交流计划的真实战略思想，完成的步骤和最后的目的都只藏在他们的大脑中。面壁者对外界所表现出来的思想和行为，应该是完全的假象，是经过精心策划的伪装、误导和欺骗。

大多数读者读完《三体》，会认为三体人的谋略的确不如人类。人类有面壁计划、云梯计划、雪地计划、掩体计划等，三体人好像没有什么计划。但实际情况是这样吗？三体人的计谋的确比人类差吗？

诡道十二法

《孙子兵法》有言：“故能而示之不能，用而示之不用，近而示之远，远而示之近。利而诱之，乱而取之，实而备之，强而避之。怒而挠之，卑而骄之，佚而劳之，亲而离之。”这被称作“诡道十二法”。后世的“三十六计”，其实就是从诡道十二法引申出来的。

这段话的意思是：明明能打，但我假装不能打。明明要用这种打法打，但我假装不用。明明我在近处，但我先要假装在远处。明明我在远处，但我先假装在近处。用小利来引诱对手。制造混乱来攻取对手。对手力量充实，耐心等待时机。打得赢就打，打不赢就走。对手性格暴躁，就挑逗他。对手很谨慎，让他骄傲，让他狂妄。对手休整良好，折腾他，让他疲惫。对手内部团结，把他变成孤家寡人。

“故能而示之不能。”三体人的思维是透明的，在他们思考的同时，显示器官就把思想表达出来了，这可能是事实，也可能是假象，人类从来没有机会直接验证过。在三体世界，发生过这样一件事：1379号监听员在收到叶文洁发出的信号后，回复了警告信息。三体世界的元首召见了负责监听系统的执政官，元首问：“你怎么能让这样的脆弱邪恶分子进入监听系统呢？”监听执政官回答：“监听系统有几十万名工作人员，严格甄别是很难的。”我们可以想象，如果每一个三体人的思维都是透明的，那么，他们就无法在上级的监督下隐藏自己的想法。三体人告诉人类，他们的思维是透明的，可能就是要麻痹人类。三体人明明能隐藏想法，但假装不能。

“用而示之不用。”在末日战役中，人类庞大的太空舰队被小小的“水滴”击败。相对于人类而言，“水滴”本身很强大，但它的体积很小。三体人最初发射了10个“水滴”，但在飞行过程中有9个落后了，只有1个“水滴”先行到达了太阳系，这也很容易让人类低估“水滴”的航行能力。“水滴”的攻击力很强，但它的外形非常优美，这很容易让人类误认为这一个探测器，甚至是一件艺术品。“水滴”是来消灭人类太空舰队的，而不是来和人类谈判的，更不是三体人赠送的艺术品。这一点，人类在太空舰队几乎全军覆没时才明白过来。三体人明明要用“水滴”打击人类，但假装不用。

“近而示之远。”罗辑在建立对三体文明的威慑时，提出了三个条件：（1）让“水滴”停止向太阳发射电波；（2）让正在向太阳系行进的9个“水滴”立刻飞离太阳系；（3）三体舰队不得越过奥尔特星云。三体世界一共向太阳系发射了10个水滴，在威慑纪元开始后，三体人坚持在太阳系留下了4个“水滴”，理由是确保引力波发射器不被人类极端势力劫持。三体人声称，其他6个“水滴”都已远离太阳系。然而，当程心成为执剑人后，这6个“水滴”立即高速冲向地球，它们出发的位置就在人类设定的警戒圈外围不远。其中3个利用太阳为背景，借助凌日干扰掩护自己，另外3个则混杂在漂浮于这一区域的一堆太空垃圾中。三体的“水滴”明明在近处，但却假装在远处。

“远而示之近。”三体文明在发现人类文明之后，做的第一件事是建造太空舰队，第二件事就是向地球派出智子。虽然三体太空舰队需要450年才到达地球，但智子却可以接近光速到达。智子虽然全面控制人类活动，但其本身没有任何攻击力。智子的主要作用之一是产生威慑。例如，智子计划之一是“神迹”，就是要一些地球人无法识别的小花招，好比在汪淼视网膜上呈现倒计时数字，目的是让人类害怕。再如，化身人形的智子在人类中活动，命令全体人类移民澳大利亚，此时的三体第二舰队还需几年才能到达地球，但三体人的威慑力已经呈现出来了。三体人明明在远处，但假装在近处。

“利而诱之。”威慑建立之后，三体世界开始向人类输出技术，最初人类以为三体只会给一些低价值的技术，谁知三体在短时间内系统地传送了海量的知识信息，主要是基础科学，包括数学、物理学、宇宙学、分子生物学等，每一类都是一个完整的学科体系。三体世界对此的解释是，为了表达对地球文明的敬意。三体人称：人类文化使三体世界睁开了一双新的眼睛，看到了生命和文明更深层的意义。如果我们对后续发生的故事有所了解，就知道这些话都是胡扯。当人类对三体世界的威慑解除后，三体毫不犹豫地开始了人类清除计划，先是把全体人类迁移到澳大利亚，后来逼迫人类互相残杀。三体人正是用小利，引诱人类一步步走入毁灭的深渊。

“乱而取之。”长期在混乱的环境中求生存的三体人，特别了解如何制造混乱，并从对手的混乱中获得利益。在三体文明和人类文明接触的初期，就利用智子不断在科学家群体中制造混乱，借此扰乱人类基础科学的发展。三体之所以利用“水滴”撞击人类的太空舰队，一个重要原因就是人类很难估计到三体会用这种方式进行攻击，因此，在战争爆发初期产生了巨大的混乱。在强迫人类移民澳大利亚的过程中，三体有意制造了澳大利亚政府和其他国家政府中的武力不均衡，造成澳大利亚原居民和新移民之间的冲突，导致数千万人在混乱中丧生。

“实而备之。”在罗辑成功建立了威慑体系后，三体人不得不帮助人类在地球上建设了 23 台引力波天线。后来，三体人利用人类中的极端组织地球之子对引力波发射台的袭击事件，说服人类同意拆除了其中 20 个引力波天线。此后，三体人又利用地球上温和的鸽派与强硬的鹰派都不喜欢罗辑的这一情况，成功地诱导人类选举出程心这样一位执剑人。在程心成为执剑人的那一刻，三体人知道他们的机会来了，迅速发动了向地球的全面攻击，迅速清除了三个引力波天线，并封锁了太阳电波放大功能的全部频段。罗辑建立威慑体系后，是人类文明相对三体文明最具实力的时候。但三体就像一个狙击手，认真伪装自己，耐心等待时机，一击毙命。

“强而避之。”和地球文明相比，三体文明很强大，但和其他高等级文明相比，三体文明又很弱小。在地球文明面前，三体文明恃强凌弱，但在其他更高等级文明面前，三体文明却唯恐避之不及。在“万有引力”号启动了引力波广播后，三体星系的位置暴露了，太阳系的位置也同时暴露了，太阳系和三体星系一样成为高等级文明可能的打击目标。就在此刻，三体第二舰队马上转向离开太阳系，所有“水滴”也从地球撤走了。很快，三体星系遭到外星文明的“光粒”打击，只有不到1‰的三体人逃了出来。4 年之后，地球上的人类才观察到三体星系被毁灭的情况。这时，尚且留在地球上的智子才告诉了人类这个消息。看三体人多么有心机，打得赢就打，打不赢就走。

“怒而挠之。”人类的面壁人 2 号是委内瑞拉总统雷迪亚兹，他的计划是在水星安装大量恒星型氢弹，通过爆炸使水星减速进而坠入太阳，由此使太阳喷出螺旋形物质，把其他行星依次拉入太阳，从而毁灭太阳系。雷迪亚兹打算以此威胁三体人，使其放弃占领太阳系的意图。当破壁人当面揭穿雷迪亚兹的真实意图后，雷迪亚兹变得异常狂暴，大叫“我扭断你的脖子！”雷迪亚兹的暴怒说明了破壁人已经猜出了他的真实意图，这使他的计划大白于天下。虽然破壁人都是地球人，但他们好像也从三体人那里学到了喜怒不形于色。例如，三体元首面对 1379 号监听员和负责监听的执行官都喜怒不形于色。当智子在三体母星上展开成巨大的反射镜，威胁到三体人的安全时，三体元首仍能保持镇静，命令道：“让太空防御部队摧毁它，我们就在这里，哪儿也不去。”三体人在对手性格暴躁时就挑逗他，而自己却能做到泰山崩于前而色不变。

“卑而骄之。”在危机纪元开始时，常伟思将军在一次会议上说：“我们的会议现在可能已经在智子的监视之下了，以后任何秘密都将不复存在。”随后，所有参会者的视网膜上都出现了 5 个字：“你们是虫子！”此时的三体文明，对人类文明充满蔑视且毫不掩饰。在人类对三体文明的威慑系统建立起来后，三体文明与人类文明之间的文化交流日益加深。说是交流，实际上是三体文明对人类文明的映射。人类自始至终都得不到关于三体世界的任何细节。对此，三体文明称，自己粗陋的本土文化现在还不值得展示给人类，一旦展示，可能会对已经建立起来的宝贵交流带来意想不到的障碍。于是，人类开始认为一切都朝好的方向发展，阳光真的照进了黑暗森林。作为读者，我们知道这只不过是三体文明玩的计谋。从“你们是虫子”，到“毁灭你，与你有何相干”，三体人的卑而骄之玩得真溜。

“佚而劳之。”当罗辑从冬眠中醒来，史强告诉了他过去这一百多年发生的事情：人类在受到三体入侵威胁后抓紧备战，生活水平大幅下降，环境持续恶化，进入了持续50年的大低谷时代，世界人口从83亿降到35亿。此后人们认为应该好好生活，不必想未来的战争，于是有了那句“给岁月以文明，而非给文明以岁月”。然而，不久之后，大低谷前太空战略中的那些技术障碍，竟然一个接一个都突破了。人类利用这些技术建造了规模庞大的太空舰队：亚洲舰队、美洲舰队、欧洲舰队，每个舰队的经济规模都相当于整个地球的经济规模，成了独立的政治实体。在史强的讲述中，他认为技术障碍莫名其妙被突破这件事情很诡异，罗辑认为是启蒙运动带来的结果。但也有一种可能，是三体故意让人类在某些应用技术方面取得突破，从而投入大量资源生产太空战舰，从而走进技术发展和资源消耗的死胡同，不再有精力考虑其他的技术路径。

“亲而离之。”“人类不感谢罗辑”，这句话，很残酷，但也很现实。作为面壁者，罗辑建立了威慑体系。作为执剑人，罗辑与三体人对峙了54年，在此期间他一直手握威慑系统触发器，把自己变成了一座雕塑、一个传奇。然而，在威慑体系带来的和平年代中，生活的人类却重新变成了婴儿，他们认为罗辑已经成为一个权力巨大的独裁者，一个不可理喻的怪物和毁灭世界的暴君。人类开始考虑更换执剑人。理想的执剑人应该是三体人害怕他/她，而人类不害怕他/她，但这样的组合很难找，于是人类选择了自己不害怕的执剑人程心。程心之所以能够当上执剑人，恐怕也有三体人的推波助澜。在程心出院的那一天，智子就要见她。智子一副温柔女子的打扮对程心说："我们女人在一起世界就很美好，可我们的世界也很脆弱，我们女人可要爱护好这一切啊。"话犹在耳，当程心还在为是否按下威慑系统触发器按钮而犹豫时，三体人已发动了攻击。人类，总是做这些亲者痛，仇者快的事情。

从上面的分析中，不难看出三体人的狡诈。也许三体人一开始给地球人类的"傻白甜"印象就是误导。一个在 200 多次轮回中艰难发展起来的文明，如果没有战略规划能力是不可能生存下来的。

管理启示录

紧跟对手，弯道超车

如果问谁才是《三体》中的第一主人公，答案可能不是罗辑，也不是程心，而是"智子"。虽然罗辑和程心出现的频次远远高于智子，但只有智子出现在了《三体》的第一至三部中。智子早在危机纪元之初就到达了太阳系，在人类文明与三体文明的抗争中，智子一直与人类如影随形。后来，虽然智子宣称全部撤出了太阳系，但人类并不能确认这一点。最后，在 647 号小宇宙里，智子与程心和关一帆再次相遇，并一同回归了大宇宙。鉴于智子的各种"超能力"，不难想象，智子对人类的了解比人类对自己的了解更深入，而三体文明正是依靠智子，牢牢地控制着人类文明的发展，并从人类这里学到了很多东西。

华为善于细致入微地观察对手，比对手更了解对手。华为早期非常擅长跟随策略，无论多么强大的对手，只要遭遇华为的跟随，就难以摆脱。越是想甩掉，就越甩不掉。

2014 年 3 月 17 日，小米推出红米 Note，广告语为“永远相信美好的事情即将发生”。2 天后，华为荣耀推出新品荣耀 3X，广告语为“更美好的事情已经发生”。同年 4 月 8 日，小米举办“米粉节”；华为在同一天举办“荣耀狂欢节”。小米举办“小米主题设计大赛”，口号为“这次，我们整点大的”；华为也举办“华为 EMUI 全球手机主题设计大赛”，口号为“这次，我们整点更大的”。7 月 10 日，小米公布“2014 小米年度发布会”的消息 2 小时后，华为也公布了将在 7 月 22 日举办发布会的消息。

雷军深受荣耀的困扰，发文“讨伐”称，华为终端本质上不等于华为，某些人无节操的做法严重抹黑了华为无比宝贵的品牌，让每个人心痛。他还“叫板”余承东：“拿出世界 500 强的胸怀，认真管管华为终端的风气。”余承东迅速澄清，荣耀并没有黑小米，并 @ 雷军说：“我们无法也不能去控制互联网上人们发表意见的自由。没有大气量，无以成大器。坚持做好自己，不要在意别人怎么说吧！”敌人易怒就想办法激怒他，使其丧失理智；敌人谦卑、谨慎，就要设法使其骄傲自大。这就是《孙子兵法》中“怒而挠之，卑而骄之”的含义。

2012 年 9 月，三星推出 Galaxy Note2。发售首月销量即达 300 万台，头 2 个月销量达 500 万台，整体销量更是超过 3 000 万台。面对来势汹汹的三星，华为必须要做出抉择——跟还是不跟？华为必须先回答一个问题：三星 Galaxy Note 系列成功的根本原因到底是什么？只有当我们能精准地看到对手成功现象背后的原因，才能正确选择自己的行动路径。

华为也意识到了三星所看到的关键点：对中国市场而言，大屏设计方案不仅适用于商务用户，更重要的是，它与视频风潮的盛行紧密契合。2013 年被称为中国 4G 元年，4G 牌照于 2013 年年底正式发放。这标志着国内移动互联网正式迈入高速的 4G 时代。随着流量价格日趋走低，视频风潮的爆发是可能性极高的事。2013 年 3 月，在 Galaxy Note2 发布短短半年后，华为就推出了同样主打大屏设计的 Mate 系列。

柔道战略：虫子从来没有被真正战胜过

虫子

《三体》中，当歌者文明发出的“二向箔”到达太阳系后，人类派出了探测飞船“启示”号去一探究竟，瓦西里将军和科学家白艾斯一同前往。飞船近距离接触“二向箔”，觉得它像一张透明膜或小纸条，手可以从中穿过去，但没有任何感觉。科学家测定“纸条”的质量，但在仪器的最高精度上都没有任何显示，说明纸条的质量可能极小。科学家们还用电磁波照射纸条，但没有观察到任何衍射现象，磁场对纸条也没有作用。经过 20 多个小时的研究，人们对纸条的戒心渐渐消失，认为它不会有任何害处，便开始随意地触摸它。白艾斯提醒大家，不要碰触纸条。他对瓦西里将军说：“弱小和无知不是生存的障碍，傲慢才是，想想水滴吧！”

当三体文明在常伟思将军召开会议的参加者视网膜上打出“你们是

虫子”后，丁仪和汪淼两位科学家感觉非常颓废，两个人都喝醉了。汪淼说：“今后颓废和堕落有理由了，我们是虫子，即将灭绝的虫子。”丁仪说：“为虫子干杯。”此时，史强走过来，开车带着两位科学家到华北大平原的麦田里看蝗虫。史强问两位科学家：“是地球人与三体人的技术水平差距大呢？还是蝗虫和地球人的技术水平差距大？”两位科学家恍然大悟：虫子从来就没有被真正战胜过。无论你多强大，宇宙中总有比你强大的存在；无论你有多弱小，都有比你弱小的存在。弱小和无知不是生存的障碍，傲慢才是！

移动

《柔道战略》的作者大卫・B. 尤费参考柔道比赛，提出了“弱者”在竞争中获胜的三个原则：一是使用移动的办法破坏对手的平衡，打乱对手的平衡和节奏；二是在攻击时要保持自己的平衡和节奏；三是利用杠杆加强自己的力量。这三个原则简称“移动原则”、“平衡原则”和“杠杆借力原则”。[①]

移动原则主要有三个相关战术：“不要引发攻击”“划定竞争空间”“追求快速发展”。具体来说，就是通过移动到不同的领域，来避免或延迟竞争对手的攻击，进而寻求可以发挥自身优势的市场机会，并全力以赴，迅速发展，在最短的时间里建立起自己的先行者优势。

“不要引发攻击”就是悄悄地进村，不要随意开枪。三体世界有句名言：“通过忠实地映射宇宙来隐藏自我，是融入永恒的唯一途径。”这句名言反映在三体人建造的物体上，体现为这些物体光滑的镜面外表。包括

① 大卫・B. 尤费，玛丽・夸克 . 柔道战略：新兴公司战胜行业霸主的秘诀 [M]. 付宁，译 . 北京：中信出版集团，2021.

“水滴”、引力波天线、三体纪念碑等在内的物体都有这个特点。这句名言反映在三体人与人类之间的交往上，则体现为三体人只是单方面从人类文明获取信息，而从来不把三体世界的真实信息传递给人类，即使在威慑纪元双方有很多合作的时候也是这样。这句名言反映在三体舰队刻意隐藏航迹上，则体现为三体第二舰队虽然可以以光速飞行，但他们用了一年时间进行常规航行，在距离母星远达 6 000 个天文单位才启动曲率引擎进入光速，为的就是让航迹尽量远离母星系。

“划定竞争空间”就是给对手画地为牢。划定竞争空间的目的，是通过制订规则和竞争界限来巩固自身的优势。每一个竞争对手都有自身的优势和劣势，划定竞争空间就是要在自己有优势的范围内与竞争对手进行较量，而不是在对手最擅长的领域与其竞争。三体人为人类划定的竞争空间，是在现有基础科学的范围内发展技术。在这个范围内，人类永远无法超过三体文明。人类为三体文明划定的竞争空间，是通过面壁计划，用人类个体的思维复杂性和隐蔽性对其进行出其不意的打击。

人类面对三体文明划定的竞争空间采取的应对策略是，利用现有基础科学发展技术。在这个方向上，人类没有能够跳出三体人划定的竞争空间，人类在威慑纪元前从未在基础科学方面取得过突破。三体文明面对人类划定的竞争空间，采取的应对策略是：通过破壁人识别和破坏面壁者的计划。破壁人成功破坏了四位人类面壁者中三位的战略计划，但三体文明最终还是进入了罗辑划定的竞争空间。

“追求快速发展”就是天下武功，唯快不破。“不要引发攻击”的目的是不引起对手注意，“划定竞争空间”的目的是让竞争向自己所设想的方向发展。这两个战术的组合可以为你赢得时间和空间，在此基础上，必须向对手发起连续的攻击，以确定自己的领先地位。

托马斯·维德是《三体》中一个有特色的人物。他在领导阶梯计划时，曾力主把云天明的大脑送入太空，成为改变人类与三体竞争格局的一个关键棋子。他在竞争执剑人时，曾不惜开枪打伤程心。在程心冬眠后，他接管了星环集团，公司大规模参与掩体计划，并建设星环城作为科学研究基地。星环集团的光速飞船研究计划一直在秘密中进行，目的就是不要引发社会公众的不满和联合政府的打击。后来，光速飞船研究计划曝光后，维德不惜用宣布独立并与联合政府开战，争取发展光速飞船的时间和空间。

由于维德在程心冬眠前有约在先，如果维德的决定可能危害到人类的安全，就必须唤醒程心。程心苏醒后，坚决中断了维德的计划，选择与联合政府合作，这也致使维德被判死刑。维德死后第 35 年，空间曲率驱动的研究在一些科学家的坚持下秘密在水星基地恢复了。当太阳系被“二向箔”毁灭时，只有一艘光速飞船可以投入使用。在程心乘坐这艘飞船逃出太阳系后，她才得知这一情况。如果她没有制止维德，人类就多了 35 年时间，有可能建造足够的光速飞船，让一部分人逃出太阳系。同时，在太阳系制造出一个黑域，避免“二向箔”的毁灭性打击。

维德虽然是一个硬汉，但他深谙柔道战略的移动原则。在基础研究阶段，他尽量隐藏曲率驱动飞船研究计划。当基础研究取得突破后，为了争取时间，他不惜宣布独立，为全力进行飞船研究创造条件。维德的口头禅是“前进，前进，不择手段地前进”，这正是谋定而后动的绝佳体现。

平衡

柔道战略的平衡原则也有三个相关战术：“麻痹对手”“避免针锋相对”“推拉制衡”。具体来说，就是让对手放下防备，暗示我不是来和你竞争的，我是来和你合作的，尽量避免未来的冲突。还可以跟对手合作，来巩固你在未来竞争中的地位，同时让当前或潜在的对手不参与竞争。

“麻痹对手”就是让对手放松警惕。当你的对手掌握的资源比你多，或者你需要对手进入你设计的套路时，你就需要想方设法控制对手，包括麻痹对手，使其降低警觉性。威慑纪元建立 10 年后，三体世界出现越来越多的模仿人类的文化艺术作品，包括电影、小说、诗歌、音乐、绘画等。这些艺术作品达到了很高的水准，人类都难以看出这艺术品是三体人创作的。人类开始陶醉在这种被称为“文化反射”的现象中，认为从此在宇宙中有了一面镜子，使人类从以前不可能的角度重新认识到自己文明的伟大。

三体文明曾不止一次地使用各种手段麻痹人类的危机意识。在把全人类迁徙到澳大利亚的过程中，三体人先是允许人类使用电力等基本公共设施，然后忽然宣布对全人类断绝粮食供给，迫使人类自相残杀。在末日之战之前，三体文明忽然放松了对人类的部分技术封锁，使人类社会在技术应用方面取得了看似突飞猛进的发展，诱骗人类把大量资源投入星际战舰的开发中，然后一举消灭之。

“避免针锋相对”的意思是不要和厉害的对手硬碰硬。威慑系统建立后，罗辑一直作为执剑人，对三体世界保持着有效的威慑。当程心成为执剑人后，威慑体系被破坏了。在威慑终止后的第 38 天，人类的外太空观测站发现，三体星系附近朝太阳系方向的星际尘埃中出现了飞船行迹，这是三体世界向太阳系派出的第二支舰队。这支舰队是 5 年前派出的，在 4 年前穿过了尘埃云。这说明早在 5 年前，三体世界就对人类关于威慑系统心态的微妙变化有了准确的把握。更有甚者，三体文明可能预测到了人类会在何时更换执剑人，以及会更换何人。“误差”只有 38 天！三体人对派出第二舰队、影响人类更换执剑人、摧毁威慑系统这件事的时间把握，简直分毫不差。以麻痹对手为铺垫，避免与作为执剑人的罗辑针锋相对，最后一击毙命。

“推拉制衡”就是把对手的优势变成你的优势。三体文明的科技发展一直是匀速或减速的，什么时候变得这么厉害，一下子就造出了光速飞船，还有 400 多艘？人类世界对此有两种解释。一是地球文明对三体世界产生了巨大影响。三体文明在与地球文明接触的这段时间基本处于恒纪元状态，有了持续发展的外部环境。此外，三体文明有了太阳系这样一个具体的殖民目标，亟须快速发展科技。为此，三体世界可能借鉴了人类文明中的一些自由民主、百花齐放的思想，而这些思想对于科技飞跃发展有帮助。另一个可能的原因是，三体第一舰队可能像人类的“蓝色空间”号那样，遇到了更高级的外星文明，并获得了所需要的知识。简单来说，三体文明的技术爆炸，是通过把人类或其他外星文明这些对手的优势变为自己的优势而获得的。

杠杆借力

移动原则和平衡原则其实就是为了立于不败之地，而杠杆借力原则是为了找到胜出的机会。所谓的杠杆借力，是指弱小的竞争者可以以自身为支点，利用对手的体重与力道，顺势而为，借力打力，将对手撬起来、摔出去。而且对手的力道越强、块头越大，往往会被摔得越惨。杠杆借力原则主要包括“利用对手的优势”“利用对手的伙伴”“利用对手的对手”等三个方面。

“利用对手的优势。”推拉制衡是把对手的优势变成你的优势，而利用对手的优势就是直接利用对手的优势打击对手。当罗辑用自己的生命威胁三体人，建立起威慑系统时提出，让三体人帮助建立一个更完善的信号发射系统，使人类掌握随时向太空发射信号的能力。后来，三体人帮助人类建立了多个地面引力波发射天线和一艘太空引力波发射飞船。

当人类要追击“蓝色空间”号时，派出了“万有引力”号的引力波飞船。为了确保安全，三体派出两个“水滴”随行，利用“水滴”中的智子随时监视“万有引力”号。然而，当三体趁更换执剑人的时机向地球发起攻击时，“水滴”进入了智子盲区，三体失去了攻击优势和信息优势。“万有引力”号就利用这个机会，向宇宙广播了三体星系的位置，从而导致了三体母星的毁灭。人类正是利用三体人的“水滴”和智子的优势，趁着三体人放松了对人类的警惕，抓住了这个宝贵的机会。

“利用对手的伙伴”就是想方设法分化你的对手。三体文明自始至终都没有放弃对人类的分化，从危机纪元的地球三体组织，到威慑纪元的鹰派和鸽派，再到威慑纪元后几年间的地球治安军，都是三体人利用对手的伙伴削弱对手策略的体现。

地球三体组织由伊文斯创立，奉叶文洁为精神领袖。地球三体组织分为三派：降临派是对人类彻底绝望的一群人，他们的目标是帮助三体消灭人类；拯救派对三体文明抱有种种幻想，希望具有较高技术发展程度的三体文明来拯救人类；幸存派则是一些投机分子，希望通过与三体人合作增加自己和后代将来的生存机会。

在威慑纪元，人类取得了对三体文明的威慑平衡。随着人类科技的发展，一部分人开始自信心爆棚，他们主张向三体世界提出更苛刻的条件，彻底解除三体世界的武装。这部分人构成了人类中的鹰派。另一部分持较为温和观点的人则认为，应该建立人类和三体两个文明和平共处的世界，以泛宇宙的人权体系为基础，承认宇宙间所有文明生物都拥有完全平等的人权。这部分人构成了人类中的鸽派。人类不同派别之间的矛盾导致罗辑失去了执剑人身份，也使三体人趁机破坏了威慑平衡系统。

为了强迫人类迁徙到澳大利亚，智子在人类中招募地球治安军，有10多亿人报名参加，最终招募了500万人。地球治安军在人类的迁徙过程中做过一些坏事，也帮助维持了基本秩序。在广播纪元开始后，三体的“水滴”离开了地球。人类迁回了原来的居住地，接着就开始疯狂报复治安军。正是人类之间的各种矛盾，给了三体人可乘之机，让其可以利用对手的伙伴打击对手。

“利用对手的对手。”利用高等级文明打击三体母星。“对手的对手是朋友”，这句话并不完全对，对手的对手可能是朋友，也可能是敌人。在人类文明与三体文明的竞争中，高等级的外星文明就是人类文明和三体文明共同的对手。然而，罗辑的威慑计划之所以成功，就是利用了“对手的对手”来威慑“对手”，即使这样可能鱼死网破。

管理启示录

柔道战略

相对于三体文明，人类文明发展的程度，就像人类文明相对于虫子的发展程度那样大。相对于宇宙中其他高等级文明，三体文明的发展程度也只相当于虫子一样。然而，正如史强所说“虫子从来就没有被真正战胜过”。虫子在与人类以及人类在与三体文明的斗争中，使用的就是柔道战略。而商业世界中的小企业在与大企业竞争中能够取胜，很多也都是采取了柔道战略。

华为的成长过程中就运用了柔道战略中的“移动”原则。华为创立之初，在中国市场上面对的是技术强大的国外厂商。如果与强大的对手在利润较高的大中城市市场进行正面竞争，华为很可能早已经消失了，更不用说成为今天的世界级企业了。

华为选择了避开强大的竞争对手，采取“农村包围城市”的战略，暂时放弃大中城市，进入国外厂商力量薄弱的农村，利用其成本优势，在对技术相对要求不高，但对价格比较敏感的农村市场获得了生存空间，从而积聚了资金，发展了技术。

在全球市场的布局中，华为一开始也避开了竞争激烈的欧美市场，从非洲、西亚、东欧、俄罗斯等西方对手力量薄弱的地带取得了突破。华为的战略，就是利用“移动”原则，避开与对手的竞争，争取到适合自身优势的发展空间，以此为立足点，最终打入通信行业主流市场，成长为全球最具竞争优势的企业之一。

创办初期，蒙牛在中国 1 000 多家乳业中排名最后。用蒙牛自己的话说是“牛尾巴尖的最后一根毛”。当时，伊利是全国乳业的老大。于是蒙牛打出了这样的广告：“向伊利学习，为民族工业争气，争创内蒙古乳业第二品牌。”我向你老大哥学习，你还好意思再对我进行打压吗？更主要的是，人人都知道伊利是中国乳业的第一品牌，却没有人知道中国乳业的第二品牌是谁。

蒙牛的“二牌战略”一下子借伊利之势，跃过了众多的竞争对手。这一策略的妙处在于面对强大对手的攻势时，不是针锋相对、鱼死网破，而是上前去拥抱对手，并巧妙地将对手的势能转化成自己的势能，妥妥的柔道高手。

阿里巴巴在中国市场上打败易贝（eBay），则是经典的杠杆借力打法。易贝带着雄厚的资本进入中国，财大气粗地跟中国所有主流的门户网站都签了排他性的广告协议，目的很简单，就是封杀包括淘宝在内的所有本土竞争者。当时的阿里巴巴规模还很小，如果与易贝正面对抗，没有任何胜算。阿里巴巴的应对策略是免费。

易贝的优势在于其全球的规模，而问题也在这里，其全球收费的商业模式决定它无法单独在中国市场上采取免费模式，然而继续收费模式就只能将中国市场拱手相让。易贝骄傲的优势反而成为阿里巴巴打败它的最好支点，最终黯然退出中国市场，而阿里巴巴今天已经成为中国电子商务领域的绝对王者。

相扑战略：毁灭你，与你有何相干

相扑

虽然说弱小不是生存的障碍，弱小的竞争者有时候可以利用柔道战略展开竞争，利用移动原则、平衡原则和杠杆借力原则，战胜强大的对手。但是，弱小就是弱小，不是什么值得夸耀的东西。

对付弱小的对手，强大的竞争者在很多时候都可以“一力降十会”。

“光粒”就是一个很好的例子。《三体》中的“光粒”是高等级文明发出的质量很小的物体，由于其速度接近于光速，所以产生的冲击力极大。例如，毁灭 187J3X1 恒星的“光粒”由于十分接近光速，它的质量被相对论效应急剧放大，击中目标已达恒星质量的 1/8，因此能够轻而易举地摧毁这颗恒星。

与柔道战略相对的是相扑战略。在相扑运动中，两个身形庞大的运动员相互较力，使对方除脚掌外身体任何一部分着地即为胜利，使对方身体任何部分（包括手脚）触及界外地面亦为胜利。在相扑比赛中，一旦你摔倒，比赛就结束了。

相扑战略与柔道战略相反，实力更强的选手，在比赛之前就可以通过心理战赢得胜利。运用相扑战略的竞争者，可以在竞争开始之前就发出威胁性的信号恐吓对手，阻止弱势竞争者的扩张，运用恐惧、不确定和疑心战术使竞争对手处于惶惶不可终日之中。

在三体文明决心与人类文明展开竞争之初，尚未制造出智子，三体文明对人类文明并不了解。三体文明的元首认为，在长达 400 多年的时间跨度上，任何传统的战争活动的战略意义都不大，对手都可以得到恢复。在如此长的时间跨度上，要想有效遏制一个文明的发展，只有杀死他的科学。

为此三体文明制订了三个战略计划。染色计划的目标是，利用科学和技术产生的副作用，使公众对科学产生恐惧和厌恶，让人类科学家失去公众的支持。神迹计划的目标是，对人类进行超自然力量的展示，建造一个科学逻辑无法解释的虚假宇宙，让三体文明成为人类宗教信徒崇拜的对象，用非科学思维压倒科学思维。智子计划的目标是，彻底锁死人类基础科学发展的可能性，从而保证在450年后，三体舰队到达地球时，三体文明的科技水平仍碾压式超过人类文明。

三体文明的相扑战略取得了令其满意的效果。首先，许多人类公众认为，不应该为了加大科学研究和军事力量而牺牲人民的生活水平。这些观点不仅存在于普通民众中，而且影响到刚刚组建起来的太空军，是军人中失败主义思想的基础。

其次，神迹计划取得了明显的效果。从事纳米技术研究的汪淼院士，先是在他的照相机镜头里看到了不断闪烁的倒计时数字，然后这个倒计时出现在他的视网膜上，最后竟然以微波背景辐射的方式闪烁在整个宇宙背景上。虽然事实正如史强所说“邪乎到头，一定有鬼”，但这种神迹的确干扰了许多科学家的工作，迫使他们不得不停止研究，才能消除种种异象。

最后，智子计划取得了重大成就，从根本上锁死了人类的基础科学研究，使得人类无法掌握新的科学规律，从而不得不基于原有的科学知识，依靠资源的大量投入提升军事力量和科技力量。这种方式造成了人类有限资源的极大浪费，迫使像托马斯·维德这样的人不得不想出“用资源改变规律”的办法。然而，资源是无法改变规律的，三体文明的强势相扑战略在一开始就使其在与人类文明的竞争中占尽先机。

刚柔相济

《三体》中的“黑暗森林法则”包括两个核心概念：猜疑链和技术爆炸。猜疑链意味着，一个文明不能判断另一个文明是善文明还是恶文明，同时，一个文明不能判断另一个文明认为本文明是善文明还是恶文明，因此，宇宙里的文明只有最低程度的善意。技术爆炸意味着，文明进步的速度和加速度不见得是一致的，弱小的文明很可能在短时间内超越强大的文明。

将柔道战略和相扑战略相结合后，由于技术爆炸的可能性，弱小的竞争对手很可能在短期内成为强大的竞争对手。在宇宙的大空间尺度内，与竞争对手沟通难度很大，一个文明几乎不可能观测到另一个文明在微观尺度上对自己所发出信息的反馈。因此，一旦发现竞争对手，最佳策略不是研究竞争对手，而是消灭竞争对手。这就是歌者文明所说的“观测比清理的成本高得多”。

在《三体》中，只有在人类文明和三体文明这种近距离接触和深度互动的文明之间，才可能充分利用柔道战略或相扑战略。对于距离遥远的星际文明来说，最佳策略就是“藏好自己，做好清理”。“藏好自己”是柔道战略的精髓。从“不要引发攻击”到“避免针锋相对”，从“麻痹对手”到“利用对手的对手”，竞争者无时不在隐藏自己的真实意图，甚至是隐藏自身的存在。“做好清理”是相扑战略的核心。从锁定对手到致命一击，从一力降十会到唯快不破，竞争者从来没有打算给对手还手的机会。然而，“藏好自己，做好清理”的更高境界却是“降维打击”，而降维打击的要义是：把自己藏在高维空间里，做好低维空间的清理。

管理启示录

不在非战略机会点上消耗战略竞争力量

末日战役中“水滴”连续撞毁人类 2 000 艘星际战舰的画

面，应该是《三体》中最有画面感的几个场景之一了。由强互作用力束缚的物质组成的“水滴”体积只有一辆卡车那么大，但强度比太阳系中最坚固的物质还要高百倍，可以像子弹穿透奶酪一样穿过地球，表面不受丝毫损伤。

与“水滴”类似的另一件武器是高等级文明用来毁灭 187J3X1 恒星的“光粒”，这也是一个体积很小的物体，但由于十分接近光速，它的质量被相对论效应急剧放大，击中目标时已经达到 187J3X1 恒星质量的 1/8，结果立刻摧毁了这颗恒星。“水滴”和“光粒”所展现的就是“力出一孔”的威力。

2010 年，爱尔兰摄影师安德鲁·麦康奈尔（Andrew Mcconnell）记录下了瓦格尼亚人在刚果博约马瀑布附近捕鱼的瞬间。瓦格尼亚人编制巨大的木篮，放在每秒流量 2.8 万立方米的刚果河中，湍急的河水会把鱼推到木篮里。瓦格尼亚人捕鱼时必须非常专注，否则就会被河水卷走。这种古老的捕鱼方式已经持续了数百年。

华为聚焦于大数据洪流中的战略性机会，不在非战略机会点上消耗战略竞争力量。怎么抓住未来历史的机会点，无论对于领先者还是跟随者都是困难的和痛苦的，华为选择做领先者，聚焦主航道，抓战略机会点。①

企业的基本矛盾是扩张与控制。华为从 20 多年的实践中体

① 任正非．聚焦主航道，眼望星空，朋友越多天下越大——在上研听取无线网络产品线业务汇报纪要 [EB/OL]. (2016-10-31). http://xinsheng.huawei.com/cn/index.php?app=forum&mod=Detail&act=index&id=3721737&search-result=3.

会到，扩张中的控制，首先是要控制住资源分配的方向，其次才是财务回报。华为强调，资源分配一定要聚焦在主航道、主潮流上，要沿着主航道创新，迎难而上。这就是“力出一孔”。

为了实现“力出一孔”，华为坚持“利出一孔”。华为要求高级干部和骨干员工的收入只能来自华为的工资、奖金、待遇和股票分红，不允许有其他的利益来源，就是要让高级干部和骨干员工的利益和公司的利益紧紧捆在一起，与公司结成利益和命运共同体，使干部聚焦在工作上。这样的队伍才有最强的战斗力，而这种最强的战斗力必然会转化为公司的效益，从而使干部员工的收入进入业界较高水平。

在企业发展过程中，有很多诱惑，抵制诱惑是企业最大的困难。华为要求高级干部要树立远大目标，树立成为世界产业领导者的宏伟目标，以实现公司远大目标作为高级干部的个人目标，而不把个人的名誉、出人头地，以及个人的权力和利益看得很重。

聚焦主航道，就是聚焦大方向，聚焦公司的远大目标。华为的战略定力，来自对未来具有高度不确定性和不连续性的假设。华为认为：没有正确的假设，就没有正确的方向；没有正确的方向，就没有正确的思想；没有正确的思想，就没有正确的理论；没有正确的理论，就不会有正确的战略。

从“利出一孔”到“力出一孔”，华为演绎了从假设到战略的清晰逻辑。作为一家商业企业，追求利益是基本假设，但这里的利益不限于企业自身利益，也包括客户在内的利益相关方的利益。“利出一孔”的假设，要求企业坚守以客户为中心的方向；实现以客户为中心，需要员工有努力奋斗的思想，需要企业有以奋斗者为本的思想；企业要产生价值，需要长期发展，就要长期坚持艰苦奋斗；只有坚持“以客户为中心，以奋斗者为本，长期坚持艰苦奋斗”的方向、思想和理论，才能达到“力出一孔”的战略效果。

降维打击：我把你画到画里了

隔空取物

《三体 3：死神永生》开篇是个有点诡异的故事：公元 1453 年，奥斯曼帝国的大军围困了君士坦丁堡，千年古城眼看就要陷落。君士坦丁十一世接见了一个叫狄奥伦娜的女子，后者声称可以隔空取物。君士坦丁派人测试了一下，狄奥伦娜的确可以在看守严密的牢房中杀死囚犯，而且方法是悄无声息地摘除囚犯的器官。君士坦丁派狄奥伦娜去杀死奥斯曼帝国皇帝，但狄奥伦娜失手了，她说神迹消失了。狄奥伦娜说的神迹是一个高维空间的碎块，她无意间进入了高维空间中，因此获得了自由穿越低维空间的能力。

举个例子：假如你是一只在桌面上爬行的蚂蚁，周围有一圈黏稠物质围住了你，无论向哪个方向爬，你都无法逃出去。然而，如果你可以“向上爬”，达到比桌面高的位置，或者“向下爬”，穿过桌面达到桌面下方的位置，你就可以轻松逃出重围。桌面上的蚂蚁和桌面上的圆圈，都可以被近似地看作二维空间中的二维物体。

二维物体是难以逃出二维空间的。类似的，三维物体难以逃出三维空间。人就是三维物体，我们所处的空间就是三维空间。狄奥伦娜接触到的高维碎块可能来自四维或更高维空间，进入这个空间后，狄奥伦娜看三维空间的物体，就像悬停在二维桌面上的飞虫看在桌子上爬行的蚂蚁一样。不仅可以看到二维空间的所有细节，而且可以轻松地接触到二维物体的所有部分。

类似的，《三体》中的“蓝色空间”号和“万有引力”号也在太空中接触到了高维空间碎块，于是，出现了一些诡异的现象。例如，“万有引力”号上的戴文中校对随舰心理医生韦斯特说，他在“万有引力号”的走廊上遇到一个人，还打了招呼，但事后回想起来，那个人竟然是“蓝色空间”号上的一名少校。再如，“万有引力”号上面的一根培养液管道破裂了，造成管道破裂的是微陨石，但这根管道在舰体中部，而周围的舰体外壁没有一点损伤。

还有更诡异的事情发生。当“水滴”按照预先设定的程序攻击“万有引力”号时，竟然没有击中目标，而是擦着飞船几十米外的距离错过了目标。当“万有引力”号的高层指挥官们观看“水滴”航迹时，发现好像有一个与“水滴”航线垂直的外力，持续作用于“水滴”，把“水滴”从攻击航线上推开了。

利用可视光录像，“万有引力”号上的人发现，一艘来自“蓝色空间”号的太空穿梭机紧顶着“水滴”使它减速，还有两位穿着宇航服的“蓝色空间”号成员，拿着什么东西对“水滴”敲敲打打，而原来表面异常光洁的“水滴”好像生锈了一样，完全丧失了攻击力。“万有引力”号上的人事后才知道，“蓝色空间”号误入了高维空间，从而获得了对三维空间中“水滴”的穿透能力，“水滴”坚硬无比的外壳对来自高维空间的攻击毫无作用。

《技术错误》

阿瑟·克拉克在1946年发表过一篇名为《技术错误》的短篇小说，说的是一名发电厂的工程师理查德·尼尔森正在测试世界上第一部利用超导原理的发电机的时候，发电机被来自太空的一股电流击中，尼尔森被震晕了。等尼尔森醒来之后，被送到医院检查，刚开始一切正常。但尼尔森忽然发现自己不会阅读了，报纸上的字在他看来是反的，而他要想阅读报纸，必须利用镜子里的镜像才行。另外，他也把左右搞错了，认为自己的结婚戒指戴在右手上。①

医生桑德森觉得不对劲，经过与物理学家休斯博士讨论，他们确定尼尔森出问题了。为了向公司董事会说明到底出了什么问题，休斯博士从会议桌上拿起一张长方形的信纸，沿着一条对角线折起来，再沿着折痕撕成两半，得到两个直角三角形，它们对应的边长都相等。休斯博士把两个三角形放在桌子上，并开始移动，但永远无法将其中一个正好完全覆盖住另一个。他解释说，这就像一副手套，尺寸相同，但是不可互换。

正当董事们不明所以的时候，休斯博士把其中一个三角形拿了起来，在空中翻转了180度，然后放在桌面上。这下两个直角三角形就完全重叠了。休斯博士解释说：要想让一个二维物体翻转，只有在三维空间才能实现。同理，要想让一个三维物体翻转，只有在四维空间才能实现。现在的情况就是，尼尔森在操作发电机时不知为何进入了四维空间，并被翻转了180度。小说的最后，休斯博士重新启动了发电机，试图把尼尔森再翻转

① 《技术错误》收录于《阿瑟·克拉克科幻短篇全集》。阿瑟·克拉克.阿瑟·克拉克科幻短篇全集[M].秦鹏等，译.上海：文汇出版社，2021.

过来，但没有成功。尼尔森不见了，而发电机爆炸了……

《平面国》

如果你惊叹于阿瑟·克拉克在20世纪40年代展现出的对空间维度的想象力，那么埃德温·艾伯特在1884年完成的《平面国》一定会进一步颠覆你的认知。作者在这本书中，以一个平面国的正方形为第一人称，描述了平面国社会的各种情况，以及正方形与空间国的球交流的过程。请注意，这是一本1884年完成的著作，却讨论了低维空间的社会结构，并构想了高维空间存在的可能性，的确是一本奇书。[①]

平面国中有各种形状，有线段、等腰三角形、等边三角形，正方形、五边形、六边形、七边形……圆。在平面国中，女性都是线段，等腰三角形的职业是士兵，等边三角形和正方形做一些初级工作，多边形从事一些中产阶级的工作，圆是贵族和神职人员等统治阶级。平面国崇尚对称，各种不规则的形状都会认为是异端，如果不能修正就会被处死。平面国的人通过与同等级或高等级基因的人结婚，生育出具有更多边的后代，从而提升家族的社会地位。

由于平面国所在的是二维空间，所以无论事物本身是什么形状，在平面国人的眼中看起来都是一条线段。平面国居民靠三种方法来区分他人的形状。第一种方法是听觉：不同等级居民的声音特点不同，低等级居民的声音差别较大，高等级居民的差别较小，所以"听声辨形"的方法可能产生一些错误。

① 埃德温·艾伯特．平面国 [M]. 杨滢玮，译．北京：中国华侨出版社，2021.

第二种方法是触觉：平面国居民可以通过摸其他居民的一个顶角，来判断其拥有边的数量。但这种方法只在边数较少的情况下适用，如果边数过多就很难判断顶角的度数，从而无法判断具体的边数。因此，“摸角辨形”的方法只适用于判断低等阶层的居民的等级。

第三种方法是视觉：在平面国居民接受的教育中，很多时间花在如何通过观察其他人的顶角快速判断其顶角度数和拥有的边数。“视觉识人”在平面国是一项需要花费大量时间和金钱学习的技能，只有最高贵和富裕的家庭的子弟才有条件这样做，这也形成并巩固了平面国阶级圈层。

有关如何判断人的形状，在平面国发生过很多有意思的事情。例如，有人发明在每个边涂上不同颜色的方法来帮助人快速分辨形状。然而这种方法引起了巨大的社会问题。首先是来自高等级贵族的反对。有些贵族并不是完美的圆形，而只是接近圆形的多边形。如果在每条边都涂上不同颜色，就会揭露出他们不是最高贵圆形的这个事实。即使是拥有完美圆形的贵族也反对在边上涂上颜色，因为他们只拥有一条连续的圆边，如果在这条边上涂上同一颜色，在其他的平面国居民眼里看来就和最低等级的直线居民是一样的了。关于平面国居民眼中看到的情况就介绍这么多。简单总结一下，平面国居民看到的都是点或线，有直线，也有折线。

我们接下来看一下直线国的情况。有一天，平面国的那位正方形主人公做了一个梦，他到了直线国。直线国的国王是一条较长的线段，直线国的男人都是线段，女人则是点。这些男人和女人之间并不紧挨着，而是有一定距离。然而对于直线国的居民来说，他们只有左和右，或者是前和后。当一个居民看另一个居民时，无论后者是男（线段）是女（点），前者看到的都是一个点。因此，在直线国无法通过视觉来判断性别，而需要通过声音来完成这个任务。

直线国的男人都有两张嘴，分别在线段的两头，一张嘴发出高音，另一张嘴发出低音。因此，当一个直线国男人的两张嘴同时发出声音时，处于远方的另外一个人，就可以通过这两种声音到达时间的差别判断发出声音的男人的长度。直线国的女人只有一张嘴，能发出高音或者低音。因此，直线国的家庭组成是一男两女，构成男女声和高低音的和谐组合。

点国是零维的，直线国是一维的，平面国是二维的，而空间国是三维的。我们读者就生活在三维空间，因此无须对三维世界如何判断事物的形状做出详细解释。但有一点，三维世界的物体虽然是三维的，但我们看到物体的形状却是二维的面，我们是利用光线和阴影来形成对物体的三维认知的。

当平面国居民到访直线国时，直线国所有居民都排列在他面前，他甚至可以看到每个直线国居民的身体内部结构。当空间国居民到访平面国时，平面国所有居民都排列在他面前，他也可以看到每个平面国居民的身体内部结构。同理，当四维空间国居民到访三维空间国时，我们所有人的内部结构是否都一览无余地展现出来了呢？这就是“降维打击”背后的道理。

降维打击

在《三体》中，云天明给程心讲了三个童话故事，第一个故事叫作“针眼画师”。针眼画师是一位有魔法的画师，被他画到画中的人都会在现实世界消失。云天明故事中的冰沙王子利用针眼画师把国王、王后、忠于国王的大臣和公主都画到了画里。除了公主之外，其他人都从现实世界消失了，只有公主因为有针眼画师的师傅送的一把黑伞作为保护而没有消失。云天明想用这个童话故事告诉人类，宇宙中的高等级文明可以利用类似把人画到画中的方式毁灭其他星系，然而人类并没有解读出童话中的这层含义。

后来，当“二向箔”到达太阳系，开始把前来探测的“启示”号飞船二维化时，科学家白艾斯和瓦西里将军有一段对话：“同四维跌落到三维一样，三维空间也会向二维空间跌落，由一个维度蜷缩到微观中……我们现在就处在向二维跌落的空间中，最终，整个太阳系将跌落到二维，也就是说，太阳系将变成一幅厚度为零的画。”

当歌者选择清理太阳系的工具时，他先想到了用“光粒”，但他发现太阳系中的类木行星可能被用作“掩体”，被智慧生命用来躲避太阳被打击时产生的冲击波。这样就会产生死角，清理工作就做得不干净。于是，歌者申请了一张“二向箔”，并漫不经心地把它抛向了太阳系。

当“启示”号被二维化后，整个太阳系的二维化过程开始了。当一座太空城被二维化后，就像是城市的一张 1:1 的图纸，反映了城市的所有细节。三维结构变成了二维结构，三维物体被一层层展开映射到二维平面上，形成了复杂的图形，代替了三维世界中宏伟的世界。当太阳被二维化时，就像平时的日落一样，在平面形成了一片广阔火海，这个日落过程持续了一小时。

冥王星是最后被二维化的大天体，也是地球文明博物馆的所在地。地球文明博物馆是掩体计划的一部分，目的是把地球文明的一些文物和信息保存到距离太阳较远的地方，最初的目标是保存十亿年，后来调整为一亿年。人类试验了各种方法保存信息，但最后发现能够保存时间最长的方法，竟然是把字刻到石头上。于是，人类把很多字都刻到了石头上。然而，冥王星被二维化后，所有信息都消失了。

把太阳系降维的歌者文明自身也面临巨大的挑战。歌者文明的母世界正处在与边缘世界的激烈冲突中，两个世界不可能共存，要么消灭边缘世界，要么被消灭。从歌者问长老“是不是母世界已经准备二向化了”这个信息，可以得知歌者文明也是一个三维文明。那么，宇宙中存在的高维文明就具有轻松消灭歌者文明的能力。

归零者文明就是这样一个存在。归零者想重新启动宇宙，回到十维宇宙的田园时代，其方法是把宇宙不断地降维。假定现在的宇宙主要都是三维，那就先降到二维，再降到一维，接着降到零维，最后就可以从零维回到宏观宇宙最初的十维结构。

虽然在《三体》小说中，归零者文明也只是一个传说，但以宇宙之浩瀚，理论上的存在就是现实中的存在。无论你有多强大，都有比你更强大的存在。为了宇宙美好的未来，降维打击，消灭你，与你有何相干！

管理启示录

点、线、面、体

升维发展，降维竞争，是企业长期可持续发展的不二法门。 在创业阶段，企业聚焦于产品，着力打造单点突破的商业模式，整个企业就像一个“点”国，产品这个点就是企业的唯一，只有这个“点”做好了，企业才有升维的可能性。

① 任正非，郭平，徐直军．聚焦战略平台，加强血液流动，夺取未来胜利——在电信软件业务汇报会上的讲话 [EB/OL].(2016-08-05).

在成长阶段，企业聚焦于规模，着力打造将产品和服务规模化的规模经济模式，整个企业就像一个“线”国，爆款产品是企业的国王。企业经营者要像直线国国王那样，既有敏锐的听觉，能够敏感地捕捉市场信息，也有聚焦的视觉，满眼都是自己的产品。

在扩张阶段，企业围绕核心产品多元化扩张，不仅有点和线，还有三角形、正方形、五边形、六边形等，企业成为一个像平面国一样的平台。企业经营者要像平面国贵族那样，能够通过观察各种形状的角快速判断出具体形状，就好比对不同的产品有高超的判断力一样。

在转型阶段，企业基于在二维平面国阶段积累的核心竞争力，不断累积新的能力，形成一层一层的相互叠加的能力圈，就像来自空间国的球那样，由无数的圆组成。在生态系统中居于核心生态位的企业，就好比进入了三维空间，具备对二维空间企业的“全视”能力，可以轻松地获取和运用资源与能力，创造出一个个二维平面企业、一维直线企业和零维点状企业，丰富自己的生态空间。

坦克重达几十吨，却可以在沙漠中行驶，原因是宽阔的履带分散了加在单位面积上的重量；钉子质量虽小，却可以穿透硬物，是因为它将冲击力集中在小小的钉尖上，二者的差别就在于后者的压强更大。华为公司靠“压强原则”突破了万门数字程控交换机，突破了 GSM① 全套移动通信设备，突破了光网络设备，

① GSM全称为Global System for Mobile Communications，中文为全球移动通信系统。

华为几乎所有的重大产品，最初都是这么突破的。此时的华为，实施的是“点”战略，追求的是单点突破。此时的任正非，类比一下就是“点国”的国王。

后来，华为经过行业洞察以后，发现自己其实只有两条路可走，要么成为行业领导者，要么死亡。通信产业是一个全球充分竞争的市场，产业特点决定了全球化是华为活下去的必然选择，通过规模经济发挥比较竞争优势。2004 年，华为海外业务就已经达到了和国内业务并驾齐驱的规模。此时的任正非，成了“直线国”的国王。

3G 和 4G 网络建成以后，运营商投资成本高企，如果没有应用拉动，运营商收回投资成本都成问题，更别谈投资 5G 了。2009 年前后，华为明显感受到了运营商 BG 增长乏力的趋势，为了未来的可持续发展，华为必须寻找新的增长点。2010 年华为正式提出“云、管、端战略”，“云、管、端”融合的 ICT 架构，构建了一个商业闭环。此时的任正非，成了“平面国”的国王。

在经历了美国多年的打压后，华为发展的一个很清晰的方向是从一家产品公司转向一家万物互联的生态公司。华为逐渐从一个“平面国”变成一个“空间国”。终端是空间国的第一层，电信设备是空间国的第二层，云平台是空间国的第三层，企业商务场景是空间国的第四层。变成空间国后，华为再俯瞰其他处于平面国的竞争对手后，可能会拥有“全视”能力，具有在一些企业商务场景中的超级竞争力。

08 熵增熵减：宇宙的生命周期

开天辟地：暴胀，宇宙演化的开端

按天体物理学家的观测和计算，宇宙起源于138亿年以前的一次“大爆炸”。已知的物理定律只能从宇宙起源 10^{-43} 秒之后开始起作用，这就是“普朗克时间”①。在普朗克时间之前，物理学的四种相互作用（即引力、强力、弱力、电磁力）是统一在一起的。从 10^{-43} 秒开始，引力就脱离出来，单独起作用了。那时候宇宙还是个直径为 10^{-35} 米的一个小点（普朗克长度），但温度无比高。到了 10^{-35} 秒的时候，强力和弱力分开了。后来，弱力和电磁力也分开了。至此，物理学的四种相互作用都分开了。到一万亿分之一秒的时候，宇宙里有了粒子，夸克和轻子已经出现了。电子就是我们最熟悉的“轻子”。这时候宇宙里有夸克和电子，还有反夸克和

① 1900年，物理学家马克斯·普朗克发现，能量可以分为不可再分割的单位，并将其命名为“量子”。这一发现标志着量子力学的诞生。把普朗克量子同光速和其他常数结合在一起，就可以得出空间和时间方面不可分割的量子，也就是最短的距离单位和最短的时间单位。普朗克长度为 10^{-35} 米，普朗克时间为 10^{-43} 秒。

反电子。

这时候的宇宙处于混沌状态，就好像是一锅夸克轻子粥。夸克和反夸克，电子和反电子一旦相遇就会湮灭并且释放两个极高能量的光子，而在这个时候宇宙的高温之下，光子又会再产生正反夸克和电子。

夸克和反夸克，电子和反电子的作用循环持续发生。每十亿对夸克和反夸克湮灭，会留下一个正夸克作为幸存者，比例是十亿分之一。到 10^{-6} 秒的时候，整个宇宙已经膨胀到像太阳系那么大了，温度进一步下降，夸克会被三个一组束缚在一起，形成“重子”，也就是质子和中子。与此同时，质子和反质子，中子和反中子之间也不停地发生碰撞湮灭变成光子，光子再生成正反的质子和中子。正物质的质子和中子的幸存率，也是十亿分之一。

到一秒的时候，宇宙已经膨胀到几光年大了。更低的温度使得质子和中子结合在一起形成原子核。这个时候，光子的温度使它能够产生正电子和反电子，但是正电子和反电子之间也在不停地发生湮灭，同样，正电子的幸存率也是十亿分之一。经过正反夸克、正反光子、正反电子之间的相互转变，正电子的幸存率只有三个十亿分之一相乘的概率。这是一个多么高度不确定的过程啊！然而，正是这个高度不确定的过程，产生了形成现在宇宙的基本物质——原子核和电子。

到宇宙形成 38 万年的时候，温度低到让所有电子都被原子核捕获，变成氢原子和氦原子。到 10 亿年的时候，这些原子在引力的作用下结合在一起，就会变成恒星，然后这些恒星又会组成星系。那个时候，已经有了 1 000 亿个星系，每个星系里面会有几千亿个恒星。在恒星的高温高压之下，生产了一些更重的元素，比如氧和碳。

到 90 亿年的时候，在宇宙中某个不起眼的地方产生了一个不起眼的恒星，这个恒星就是太阳。太阳所处的位置正好有很多重元素构成的气体，这些气体在引力作用下慢慢凝聚在一起，形成了行星。其中，某一颗行星距离太阳不远不近，上面有液态水，这颗行星就是地球。在形成 10 亿年后，地球上出现了生命，又过了 38 亿年，人类出现在地球上。

科学家认为，现在的宇宙处于较为稳定的状态，宇宙发展方向的不确定性相对于混沌时期和动荡时期要小。过去 30 年间，天文物理学家发现宇宙正在加速膨胀，暗能量和暗物质吞噬着邻近宇宙区域的所有光线和任何物质。近些年来的科学进展使得多数天文物理学家相信，宇宙终将走向尽头。热寂学说是猜想宇宙终极命运的一种假说。根据热力学第二定律，作为一个“孤立”的系统，宇宙的熵会随着时间的流逝而增加，由有序转向无序，当宇宙的熵达到最大值时，宇宙中的其他有效能量已经全数转化为热能，所有物质温度达到热平衡。这种状态称为热寂，这样的宇宙中再也没有任何可以维持运动或者生命的能量存在。追溯宇宙起源和发展，我们可以把宇宙的生命周期也用未来发展方向的不确定性和未来发展路径的不连续性两个维度表示（见图 8–1）。

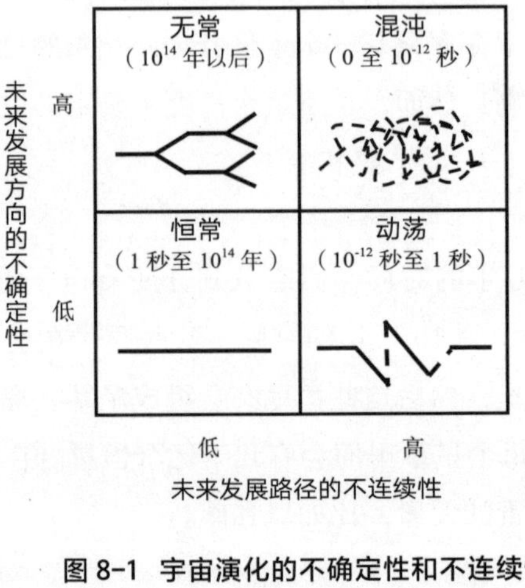

图 8–1　宇宙演化的不确定性和不连续性

覆水难收：熵增，世界最后的问题

热力学第二定律，也叫作熵增定律，认为任何物体都是由分子构成的。当分子整齐排列的时候，叫作有序；当分子排列得乱七八糟的时候，叫作无序。任何孤立的物体，一定是从有序变成无序的，而不是相反，因为无序总是更有可能发生。用一个我们经常遇到的情况打比方，码得整整齐齐的一堵墙，看上去是有序的，而将这堵墙推倒，就变成了一堆乱七八糟的砖头，看上去是无序的。显然，无序的砖比有序的墙出现的概率更大。所以说，相对于无序，有序的可能性更小，所以不容易做到。

汉景帝的时候，有一个穷书生叫朱买臣，娶了妻子崔氏。平日里，朱买臣除了读书就是砍柴，家境总不见起色。后来崔氏实在过不了贫穷的生活，逼着朱买臣写休书，朱买臣没有办法，只好任其离去。汉景帝的儿子汉武帝即位后，没过几年，朱买臣得到了汉武帝的赏识，做了会稽太守。崔氏得知这个消息后，蓬头垢面地跑到朱买臣面前，请求他允许自己回到朱家。朱买臣让人端来一盆清水泼在地上，告诉崔氏，若她能将泼在地上的水收回盆中，就让她回来。当然，这是做不到的事。这个故事后来变成了成语“覆水难收”，指的就是相对于水洒在地上，把水盛在盆子里的可能性更小，所以不容易做到。

最早提出熵概念的是德国人克劳修斯，他当时一直在研究蒸汽机的效率问题，思考为什么蒸汽机不能把蒸汽的能量 100% 变成推动机器的能量。克劳修斯提出了热量从温度高的地方向低的地方流动，代表着某种混乱度的提高，这种混乱度叫作“熵”。

后来发展起来的统计力学把熵定义为，一个物理系统的微观态的不确定程度，也就是处于所有可能微观态中的一种的概率，用公式表达为

$$S=-\sum P_i \log P_i$$

信息论创立者香农则认为，信息是能够用来消除不确定性的东西。信息还有一个逆香农定义，即信息是确定性的增加。因此，在信息论中，熵度量的是一条信息的不确定程度，即身为信源发出的所有可能信息中的一条信息的概率，用公式表达为：

$$H=-\sum P_i \log P_i 。$$

计算热力学的熵与信息论的熵的两个公式几乎一模一样，这并不是巧合。热力学的熵，讲的是系统的混乱程度，信息熵也是如此，越是看上去杂乱无章的消息，信息熵越高。事实上，这是同一个问题，热力学中，要想减少系统的熵，就要从外部输入可用能量。在信息论中，一条外部输入的、确定的信息会减少系统内由所有可能信息组成的集合的熵。

阿西莫夫的《最后的问题》描述了宇宙范围内"熵增"的情况。人类刚刚开始太空探索时能够达到月球、金星和火星，但再远一点，地球那贫瘠的资源并不能提供宇宙飞船所需的燃料。于是，人类开始大规模开发太阳能。人类消耗完了太阳的能量后飞出了太阳系，花了 15 000 年挤满了其余整个银河系，人口每 10 年就增加一倍。人类每年消耗 2 000 颗太阳大小的恒星，但只能利用其中相当于两个太阳的能量，利用率只有 1%。

之后，人类飞出了银河系，占据了无数个星系。人类掌握了制造恒星系的能力，可以用 1 000 颗白矮星制造出 1 颗新的恒星，但新的恒星也有寿终正寝的一天。人类意识到，终有一天一切都尽归尘土，必须节约利用，因为能量一经花费，就逃逸四散，不可捕回。熵在永恒地增长，直到达到它可能达到的最大值。最后，经过了 1 亿兆年，太空变得漆黑一片，黯然没有一丝亮光，所有的星系都泯灭了。

《最后的问题》中的故事讲到这里，说明了热力学第二定律关于时间的判断，时间只有一个箭头、一个方向，熵只会越来越大。换句话说，我们只能看到热量从温度高的地方自发地向温度低的地方传导，而不是相反。

举个例子，现实生活中，越来越少的人用有线耳机了。但如果你用过有线耳机，就会发现，本来将整理得很好的耳机线放在口袋里，不出意外的话，每次从口袋里拿出来时，它又变得乱糟糟的了。你肯定从来没有见过一团乱麻一样的耳机线自己变得整齐。同样，对于一个乱糟糟的房间，如果我们不耐心地慢慢整理它，它也不可能因魔法棒一挥就变得整整齐齐。

管理启示录

熵增与惰性

很多大公司的倒下，并不是因为被对手所击垮，而是由自身组织和人员的自大、封闭、懈怠等，在时代的风口失去了转向的能力。最坚固的堡垒都是从内部攻破的，这个内部的“罪魁祸首”就是熵增。不冒风险才是企业最大的风险。**只有不断地创新，持续提高企业的核心竞争力，才能在技术日新月异、竞争日趋激烈的社会中生存下去。**

2000 年，面临华为经营困境的任正非在对员工讲话中说：

“一生走得很顺利的人，你们要警惕一点，你们可能把华为公司拖进了陷阱……录用一个干部，最主要是要考虑这个人曾经是不是在外面受过重大挫折，而且这个人已经认识到这个挫折，已经改进了……人的一生太顺利也许是灾难，你没有注意看，你注意看后你就会认为你受挫折是福而不是灾难。”①

华为强调自我反省和自我批判，认为没有自我批判，组织就不能保持内敛务实的文化作风，就会因为取得的一些成绩而少年得志、忘乎所以，掉入前进道路上遍布的泥坑、陷阱中；没有自我批判，就不能剔除组织、流程中的无效成分，建立起一个优质的管理体系，降低运作成本；没有自我批判，各级干部不讲真话，听不进批评意见，不学习、不进步，就无法保证做出正确决策并切实执行。

企业发展就像攀登高山，越接近顶峰的位置也面临着越大的威胁与障碍。从外部看，日益复杂的商业环境、颠覆性的技术创新与商业模式等都暗藏威胁；从内部看，伴随成功而日渐增长的组织惰性正在侵蚀着组织的活力，这种组织惰性来自思想和行为上对过去成功的过度依赖，是组织行为陷入了舒适区的结果。这种组织惰性让成功的企业从一头快速奔跑、反应灵敏的“猎豹”慢慢地变成一头行动越来越迟缓的“大象”，在快速变化的产业环境中，“大”不是最大的障碍，“慢”却是致命的缺陷，就像塞伦盖蒂草原上动物之间的弱肉强食一样，慢的后果往往是被快的对手吃掉。

① 李润平．挫折是福不是祸——读《任正非与身处逆境员工的对话》的感想 [J]. 华为人，2000，104.

随着业务不断成长，组织也会日趋庞大，不知不觉间会催生机构臃肿、效率低下的现象，处于亚健康状态，甚至最终失败并消亡。正如逆水行舟，如果向前划船的推力小于水流向后的推力，船便会往后退。

生命活力：熵减，生命存在的意义

埃尔温·薛定谔在《生命是什么》中指出："自然万物都趋向从有序到无序，即熵值增加。而生命需要通过不断抵消其在生活中产生的正熵，使自己维持在一个稳定且低的熵水平上。生命以负熵为生。"[①]薛定谔将生命活力称为负熵，它使得自然万物与热力学的熵增反向运动。

薛定谔认为，自然界中的每一个过程、事件以及突发事变等，在发生的过程中意味着在其中的与之相对应的那部分熵在增加。因此，一个生命有机体无时无刻不在生产着熵或者是在增加正熵，同时它们不断趋近熵的最大值，在这一缓慢过程之后就是生命有机体的危险状态，即死亡。那么，如何才能摆脱死亡，一直保持生命的存在状态？从环境里孜孜不倦地汲取负熵是唯一的办法。换句话说，有机体成功地在它的存活期间不断地消除活着的时候不得不产生的全部的熵，这即是新陈代谢的本质。

罗杰·彭罗斯在《皇帝新脑》中指出，我们通常认为进食是因为需要食物中的能量，但这种说法是错误的。能量守恒定律说能量既不会创生，也不会消失。我们在持续辐射能量，其速率跟我们吸收能量的速率大

① 埃尔温·薛定谔 . 生命是什么 [M]. 肖梦，译 . 天津：天津人民出版社，2020.

体相当。区别在于我们辐射的热能是高熵能量，也就是无序的能量，而我们吸收的化学能是低熵能量，即有序的能量。也就是说，我们在消耗秩序，造成无序，我们靠增加宇宙的无序度为生。正因为宇宙诞生在一个高度有序的状态，我们才能够存在。[①]

薛定谔进一步指出：取负号的熵正是序的一个量度。有机体使其自身维持在一个有序水平的办法，无一不是从外界的环境中汲取这样的序。高等动物完全就是汲取序来维持生命的。这是由于作为它们的食物的不同复杂程度的有机体的状态是极为有序的。高等动物吃了这些食物后，排泄出来的是高度降解的物质；当然并没有完全降解，这些物质中含有一定量的序，因此植物还可以利用它。

薛定谔和彭罗斯的观点启发了科幻小说家特德·姜，他在《呼吸》中讲述了这样一个故事：在另一个宇宙中，流传着空气是生命之源的说法，这个宇宙的人们每天都像给电动车换电池那样，到充气站给自己换上两个充满空气的肺。这个宇宙里生活着一位解剖学家，他对空气是生命之源的说法有所怀疑。由于很少发生死亡，解剖学家没有解剖对象，于是他决定自己解剖自己，首先研究一下自己的大脑结构。通过解剖，他发现自己的大脑中心是一台引擎，实现现实认知，环绕在它周围的是一系列存储记忆的部件。每个部件都有一个专属的空气储备器，从大脑基部的调节阀伸出的软管为它补充空气。[②]

解剖学家想弄清一个问题，为什么人们的思维变得越来越慢。他所在的宇宙如同一间密室，从人们肺部呼出的空气逐渐在密室中积累，造成

---

① 罗杰·彭罗斯.皇帝新脑[M].许明贤，吴忠超，译.长沙：湖南科学技术出版社，2018.

② 特德·姜.呼吸[M].耿辉等，译.南京：译林出版社，2019.

外界环境气压升高。由于大脑的思维依赖空气的流动，空气流动得越慢，思维就越慢。所以说在他的世界里，真正的生命之源是气压差，空气从稠密的地方流向稀薄的地方。一旦各处的气压都达到平衡，空气将不再流动，他所在的世界就将死亡。

让我们再思考一下薛定鄂关于生命的定义：生命以负熵为生。生命的产生将自然界中无序的要素形成有序的生命，但在生命的延续过程中不断地从外界吸收低熵能量，同时排出高熵能量。用《呼吸》中的比喻，人们不断地补充高压空气，同时排出低压空气。所以说，我们每个人都在自己的生命过程中无时无刻不在增加着宇宙中的熵。

作为个体，我们可能无法逆转整个宇宙的熵增过程，但我们可以改变自己所在小环境的熵增趋势。熵增的分析单元是系统，人、企业、地球、宇宙都是系统。我们的力量无法改变大系统的熵增，但可以影响小系统熵的变化，其中的关键点就是系统开放。

《呼吸》中有一个假设，假设在解剖学家所在的宇宙旁边有另外一个宇宙，两个宇宙之间存在着隔板。如果另外一个宇宙中的气压比当前宇宙的气压高，那么就可以在两个宇宙之间开辟出一条通道，安上阀门，从另外一个宇宙向当前宇宙释放空气，用来充满当前宇宙个体的肺，推动当前宇宙文明的发展。

华为是一家信奉熵减原理的企业，华为希望打造的组织结构就是开放的耗散结构。任正非曾说："企业要想生存就要逆向做功，把能量从低到高抽上来增加势能。公司长期推行的管理结构就是一个耗散结构，我们有能量一定要把它耗散掉，通过耗散，使我们自己获得新生。"

管理启示录

熵减与活力

《三体》中的歌者说："宇宙的熵在升高，有序度在降低。可是低熵体不一样，低熵体的熵还在降低，有序度还在上升，这就是意义，最高层的意义。要维持这种意义，低熵体就必须存在和延续。"这里的低熵体指的就是文明，而熵减也是维持企业活力的不二法门。

美国通用电器公司有一个"活力曲线"，按照活力把员工分为 7:2:1 的比例，通过竞争淘汰来激发人的活力，实质上就是熵减。华为有一个活力引擎，模型上面的入口吸收宇宙能量，下面的出口扬弃糟粕。面对模型，模型右边列的是企业和个人的自然走向，是熵增的，是让企业失去发展动力的。模型左边列的是远离平衡和开放的耗散结构，是熵减的。活力引擎的核心是以客户为中心，它是整个企业发展和管理的轴心。

任正非说："企业发展的自然法则是熵由低到高，逐步失去发展动力。如果不做功，企业的趋势就是走向灭亡。人的天性就是要舒服，企业想生存就要逆向做功，把能量从低到高抽上来，增加势能，这样就发展了。"①

华为的熵减落实到组织激活上，主要体现在四个方面。第一个措施是简化流程，例如，"1130 日落法"规定，"每增加一个

① 任正非 . 熵减：激活组织和组织的人——陈黎芳在高研班引导分享纪要 [EB/OL].（2017-05-25）.http://xinsheng.huawei.com/cn/index.php?app=forum&mod=Detail&act=index&id=3555901&search-result=2.

流程节点，要减少两个流程节点；或每增加一个评审点，要减少两个评审点”。这是华为为了防止管理过度、管理僵化、追求完美，而忘了管理的本质是为了商业成功。

第二个措施是多路径、多梯次和饱和攻击。多路径是指朝着一个方向，不会僵化。多梯次是防止组织性惰怠。饱和攻击就是密集弹药，把能力中心放到战略资源聚集地。华为支持相关方向科学家的研究也是为了熵减。华为不占有成果，把科学家当灯塔，既照亮华为，也能照亮其他人。此外，通过改变研发投资结构，提高了不确定性研发投入占比，拓宽“金钱买知识”这条路，都是熵减的措施。

第三个措施是自我批判。自我批判是一种纠偏机制，提醒员工要经常看到问题、面对挑战，然后变革自救。而且，变革要在日子好时进行，阻力最小，利益分配容易调整，变革才容易成功。

第四个措施是战略预备队。战略预备队员在训战中完成知识结构转变、技能提升，扩大视野、增加见识，组成一支拥有全新能力、钢铁般意志的新军。战略预备队也是华为摸索未来的组织形态和运作方式。

为此，华为提倡建立耗散结构组织。任正非说：“你每天去锻炼身体跑步，就是耗散结构。为什么呢？你身体的能量多了，把它耗散了，就变成肌肉了，就变成了坚强的血液循环了。能量消耗掉了，糖尿病也不会有了，肥胖病也不会有了，身体也苗条了，漂亮了，这就是最简单的耗散结构……你们吃了太多牛肉，不去跑步，你们就成了美国大胖子；你们吃了很多牛肉，去跑步，你们就成了刘翔。都是吃了牛肉，耗散和不耗散是有区别的，所以我们决定一定要长期坚持这个制度。”

向死而生：重启，宇宙可能的出路

在宇宙中，熵增意味着死亡，只有熵减才能让宇宙存续下去，让生命具有连续性。《三体》中，歌者对熵有一段描述：宇宙的熵在升高，有序度在降低，像平衡鹏那无边无际的黑翅膀，向存在的一切压下来、压下来。可是低熵体不一样，低熵体的熵还在降低，有序度还在上升，像漆黑海面上升起的磷火，这就是意义，最高层的意义，比乐趣的意义层次要高。要维持这种意义，低熵体就必须存在和延续。

歌者口中的低熵体就是文明。歌者是它所在文明的底层清理工，清理的对象是有威胁的外星文明，它的工作很无聊，唯一的乐趣是看到坐标后判断一下坐标可信度（诚意）。《三体》中的歌者首先看到了太阳系的坐标，他想启动“大眼睛”近距离看一下这个文明（低熵体）的情况，但被长老制止了，长老认为是浪费资源。歌者申请了一块“二向箔”用于清理太阳系，但考虑到二向箔会在很大范围内持续造成“熵增”，歌者犹豫了一下，又被长老批评了。于是，歌者向太阳系掷出了“二向箔”，它想：“在意义之塔上，生存高于一切，在生存面前，宇宙中的一切低熵体都只能两害相权取其轻。”

歌者面临的就是经典的“生存还是死亡”问题。如果歌者选择不清理看到的文明，这些文明可能发展出清理歌者文明的能力，这样歌者文明就会被消灭。按照“黑暗森林法则”，要想生存就必须消灭其他所有的可见文明。所以，为了生存，所有的高等级文明都在无节制地使用“二向箔”这样的武器，希望自己成为最后死亡的文明。

《三体》结尾部分出现了两种试图对抗熵增和宇宙毁灭的力量，一个是归零者，另一个是回归运动。归零者想重新启动宇宙，回到十维的田园时代。归零者的方法是把宇宙降到零维，然后继续降维，就可能从零的方向回到最初，使宇宙的宏观维度重新回到十维。回归运动也想重启宇宙，但重点是先把一些高等级文明从大宇宙中拿走的用于建设小宇宙的质量弄回大宇宙。

回归运动发表的声明中这样写道：“我们宇宙的总质量减少至临界值以下，宇宙将由封闭转变为开放，宇宙将在永恒的膨胀中死去，所有的生命和记忆都将死去。请归还你们拿走的质量，只把记忆体送往新宇宙。”

程心和关一帆在自己的小宇宙中听到回归运动声明后，眼前出现了一个图景：在永远的膨胀中，所有的星系将相互远离，一直退到各自的视线之外，到那时，从宇宙间的任何一点望去，所有的方向都是一片黑暗。恒星将相继熄灭，实体物质将解体为稀薄的星云，寒冷和黑暗将统治一切，宇宙将变成一座空旷的坟墓，所有的文明和所有的记忆都将被永远埋葬在这座无边无际的坟墓中，一切都永远死去。这就是宇宙热寂，是熵增的终点。

回归运动的科学基础是数学家兼物理学家庞加莱证明的回归定理：一个系统，如果轨道从来都局限在有限范围，满足相空间不变定理，那么，给定任何一个状态，只要经过足够长的时间，它就会回到足够接近原来状态的状态。换句话说，只要你等足够长的时间，均匀散开在一杯水中的墨水会突然变成一滴墨水。

当然，回归所需时间非常长。假如我们的宇宙是一个有限的系统，它的熵大约是 10^{120}，假设宇宙开始时的熵是 100，同时假定宇宙从一个微观态跳到另一个微观态的时间是 T。那么，宇宙突然回到宇宙大爆炸之前的状态的时间大约是 $e^{10^{120}}e^{-100}T$。

我们可以想象这样一个图景，假如宇宙像现在这样加速膨胀下去，数千亿年以后，一片死寂。然后，在 $e^{10^{120}}e^{-100}T$ 的死寂后，宇宙突然回到大爆炸开始时的状态。所以说，熵减很难。程心和关一帆要等很长时间才能等到宇宙重启，而之前他们在低光速黑域中度过的那段 18 903 729 黑域纪年的时间，和宇宙重启所需的时间比起来，就是一眨眼。

阿西莫夫的《最后的问题》也回答了宇宙范围内是否存在“熵减”可能性的问题。在公元 2061 年，两位工程师问智能计算机“茂的模”：“万物是否会从头开始？”“茂的模”的回答是：“资料不足，无可奉告。”很久之后，当人们已经住满了银河系，有人问“银河模”：“熵可以逆转吗？”“银河模”的回答是：“资料不足，无可奉告。”

又过了很久以后，当所有人类都合而为一，在超太空中问“万宗模”：“熵怎样才可以逆转过来？”“万宗模”的回答仍然是：“资料不足，无可奉告。”小说的最后，物质和能量消灭了，空间与时间亦因此消失。终于，“模”学会了怎样去逆转熵的方向。“模”说：“有光吧！”于是就有了光。

另一位科幻大师阿瑟·克拉克在《记世创》中给宇宙安排了另一个结局。这篇只有 68 个字符的小说这样写道：“上帝说：‘A0 行到 A1 行——删除。’宇宙终结了。然后，她沉思了几个世代，接着又叹了口气。

‘取消创世记程序。’她下令道。它从未存在过。”[①]

阿瑟·克拉克在这篇小说的正文前面写了一句话：“写这个故事的时候，我暗示说它会是我最后一个短故事。反正，它肯定是最短的。”虽然克拉克在这个短篇后还发表过《蒸汽机文字处理器》《金子的海洋》等几个短篇，但《记世创》的确是他最短的作品，而且这部小说倒着写的名字可能启发了刘慈欣创作《宇宙坍缩》。

管理启示录

没有退路就是胜利之路

《三体》中这样描写程心和罗辑的执剑人交接过程：程心看到了罗辑。罗辑盘腿端坐在白色大厅正中，面对着那堵弧形白墙，他的头发和胡须都很长，但不乱，梳理得很整齐，也都是纯白色，几乎与白墙融为一体，这使得他穿的整洁的黑色中山装格外醒目。他端坐在那里，呈一个稳定的倒丁字形，仿佛是海滩上一只孤独的铁锚，任岁月之风从头顶吹过，任时间之浪在面前咆哮，岿然不动，以不可思议的坚定等待着一艘永不归航的船。他的右手握着一个红色的条状物，那就是执剑者的剑柄——引力波广播的启动开关。

……罗辑就是以这种目光逼视着那堵白墙，逼视着那个4

① 《记世创》《蒸汽机文字处理器》《金子的海洋》收录于《阿瑟·克拉克科幻短篇全集》。阿瑟·克拉克．阿瑟·克拉克科幻短篇全集 [M]. 秦鹏等，译．上海：文汇出版社，2021.

光年外的世界。他知道智子使得敌人能看到自己的目光，这目光带着地狱的寒气和巨石的沉重，带着牺牲一切的决绝，令敌人心悸，使他们打消一切轻率的举动。

……就这样，罗辑与三体世界对视了 54 年，他由一个玩世不恭的人，变成一位面壁 54 年的真正面壁者，一位 54 年执剑待发的地球文明的守护人。

罗辑等待了半个世纪的晴空霹雳，在他离开 5 分钟后就降临到了程心的头上。在程心接过引力波广播启动开关的那一刹那，三体的“水滴”就开始了攻击。作为黑暗森林威慑系统的建立者和执剑人，罗辑知道自己没有退路，但没有退路就是胜利之路！作为第二代执剑人，程心在潜意识中不相信三体文明会不顾黑暗森林威慑发起攻击，她以为有退路，于是她就输了。

2021 年 10 月 29 日华为举行军团组建成立大会，大会主题是“没有退路就是胜利之路”，为来自煤矿军团、智慧公路军团、海关和港口军团、智能光伏军团和数据中心能源军团的 300 余名将士壮行。任正非在现场讲话称：“我认为，和平是打出来的。我们要用艰苦奋斗，英勇牺牲，打出一个未来 30 年的和平环境，让任何人都不敢再欺负我们。我们在为自己，也在为国家。为国舍命，日月同光；凤凰涅槃，人天共仰。历史会记住你们的，等我们同饮庆功酒那一天，于无声处听惊雷。”

永生之门：救赎，忒修斯之船的迷思

在《记世创》中，宇宙只是造物主编写的一行行代码，而且程序取消后，宇宙便没有了存在的痕迹。这启发我们思考，宇宙的本质可能是信息。基于类似的设定，《三体》在宇宙重启广播中，要求各个小宇宙把物质归还给大宇宙，只把记忆体留下。还有，当三体人利用云天明的大脑克隆了他的身体后，一个完整的云天明出现了，但这个云天明还是原来的云天明吗？这与一个古老的哲学问题有关。

在一望无际的大海上，有艘大船在航行，名字叫忒修斯之船。日复一日的航行，使船体发生了不同程度的损坏。每块木板损坏了，就有人换上新的木板。若干年后，船体的所有零部件都被更换了一遍，从新旧的角度来说，这是一艘新船。那问题来了，我们还能叫它忒修斯之船吗？

如果我们把更换下来的零部件，再次组装成一艘船，它是不是忒修斯之船？两艘船到底哪个才是真正的忒修斯之船？我们知道人体是一个不断成长的有机体，我们每时每刻都在进行着新陈代谢。老的细胞死亡，新的细胞出现，等到全身上下每个角落的细胞都更换了一遍，我们还是原来的自己吗？

量子力学里面有个基础公式，叫做全同性原理，说的是如果有两个粒子，它们的性质完全一样，那它们就拥有“全同性”，是不可分辨的，也是完全相等的。人体的细胞也是如此，老的细胞曾经是新细胞，新细胞也会慢慢老去，但不管怎么变化，它们的性质不会变，癌细胞除外。它们都是“全同性粒子”，一起组成了人体，我们没有发生变化，还是原来的自己。

有一个类似的问题叫“缸中之脑”。我们把大脑单独分离出来，放置在一个盛有营养液的大缸中，再配上先进的计算机技术，模拟外界信息传递到大脑中。简单来说，就是在大脑的感知里，认识的人和事都和平常一样，它完全没有意识到自己作为单独的个体存活在营养液中。

由此产生了一个更基本的哲学问题：我们是真实存在的吗？我们如何才能保证自己没有处于这样的状态中？哲学家笛卡尔说：“我思故我在。”意思是“我唯一可以确定的事就是我自身思想的存在，因为当我怀疑它时，我就已经存在！”然而，如果大脑也有可能被修改，“我思故我在”的逻辑就不成立了。

然而，“缸中之脑”也可能是个好消息：只要我们保存了信息，就可以实现永生。如果是这样，《三体》中的云天明就真的是云天明，宇宙重启后的关一帆和程心也可以重生了。

《垂暮之战》是美国科幻作家约翰·斯卡尔齐的成名作，讲述了这样一个故事：人类已经进入了星际殖民时代，可以乘坐飞船离开太阳系，到遥远的其他星系进行移民。管理人类外太空移民的组织被称为“殖民联盟”，实际上，殖民联盟已经是真正的人类共同体的政府，而地球只是人类的原始母星。[①]

主人公约翰·佩里就是地球上的一个普通美国土著，从没有离开过地球，过着跟我们现在差不多的平凡生活。他已经 75 岁，他的妻子于 8 年前去世。佩里的内脏已经全面衰老，还有前列腺疾病和关节痛等毛病。小说一开头，佩里刚过了 75 岁的生日，终于达到了殖民联盟的要求，可

① 约翰·斯卡尔齐. 垂暮之战 [M]. 曾真，译. 成都：四川科学技术出版社，2008.

以自愿报名参加殖民防卫军了。

佩里为啥要参军呢？为的是治病，恢复健康。殖民防卫军掌握的科技手段远远超过地球，老年人参军之后，殖民防卫军会对他们的肉体进行改造，让老年人从头到脚焕然一新。佩里到部队才发现，殖民联盟并不会治疗老人士兵的身体，而是用这些老人的基因作为母本，进行基因改造以后，培养全新的强化人肉体。

所谓“治疗”，就是把老人士兵的思维，传输到这些没有意识的强化躯体里。老人们的肉体根本不治疗，而是直接销毁了。强化了躯体的老年人大脑里植入了一种生化电子设备，叫作“脑伴”，“脑伴”通过网络通信，可以让所有士兵随时进行脑内互联。通过“脑伴”和队友共享感知，获得全面的战斗视野和情报，自己就拥有了类似“上帝视角”的战场视野。

改造肉体的器官中，除了大脑都能培养重生，如果改变本能把肉体当作可以抛弃的零件，舍弃躯体来换取攻击得手，战斗之后像换装备一样进医疗舱，士兵的战斗力以指数级上升。这样的强化士兵看起来很厉害，但敌人更厉害。比如“艾佛格人”，能长到 40 米高，拥有让水聚合的技术，能够突然把海面变成流沙泥状，把所有地球部队连人带船都吞进去。

佩里经历了几次战斗，九死一生后遇到了另一支殖民防卫军部队，竟然看到了一个和他去世的妻子长得一模一样的士兵。这支部队叫“幽灵旅”，士兵的肉体也是用人类基因作为母本强化培植来的，但是没有经过佩里这样的“原生人”进行意识转移。幽灵旅士兵没有作为普通人类的过去，从诞生开始就是强化人，一生下来就有“脑伴”这样的脑内网络终端，而且一生下来就拥有成年人的身体。

幽灵旅士兵比佩里那样的士兵更懂得怎么战斗，战斗力远超普通士兵。当普通士兵无法完成某项军事任务时，才会派幽灵旅士兵出动。然而，这支部队虽然强大，殖民防卫军对他们却很忌惮，并不会大规模招募。幽灵旅这么厉害，为什么不大规模招募呢？原因就在于，幽灵旅已经不是人类了。既然幽灵旅都不是人类了，那他们为什么还要关心人类的死活，为什么还要为人类而战呢？

小说读到这里，我们就可以想明白为什么要招募75岁以上的老年人当兵了。在现实世界中，军队训练最重要的一项并不是战斗力训练。任何一支现代军队，最重要的都是战斗意志，而不是单纯的战斗能力。战斗意志，换句话说，就是“为什么而战”。军人要付出自己的生命和鲜血，这是作为个体生物所能付出的最高代价。要军人心甘情愿付出，那就必须要让军人觉得自己的付出值得。

75岁以上的老人，一辈子作为人类存在，心中铭刻着人类的印记。为人类而战，为人类牺牲，他们的战斗意志不会动摇。这才是殖民防卫军用老人而不是年轻人作为主战兵力的真正原因。

说到这里，《垂暮之战》实际上提出了人类文明能否永存的问题。如果人类失去了地球，失去了身为“原始人”生活了几十年的人作为改造对象，全部依靠幽灵旅或者机器人，能否保护人类的利益？他们保护的还是人类吗？

管理启示录

百年老店

2017 年，任正非签发总裁办电子邮件，转发了《以客户为中心，一家百年老店的基业长青之魂》一文[①]。文中介绍的俄罗斯联邦储蓄银行（Sberbank）成立于 1841 年，是俄罗斯最大的商业银行。让这家银行屹立百年不倒的，不是其雄厚的金融资产，而是“以客户为中心”的企业核心价值观。

Sberbank 位于莫斯科的总部大楼正门前有一座 3 米高的雕像，这不是企业的创始人，也不是俄罗斯的某位伟人，而是 Sberbank 历史上的第一位客户，叫尼古莱·安东维奇，他在 1842 年 3 月 13 日用 10 卢布在 Sberbank 开立了第一个账户。在 Sberbank 内部企业博物馆里，也陈列着当年为第一位客户办理业务的蜡像场景。

Sberbank 高管团队一致认为，坚持并在公司各个领域践行“以客户为中心”的核心价值观，是其创立 176 年来长盛不衰的关键所在。为了保持“以客户为中心”的组织运作和全员践行，避免大企业常见的远离客户、反应迟钝、组织臃肿和官僚主义，Sberbank 持续开展了大规模的“以客户为中心”的变革。

这些变革内容主要包括：建立客户体验评估系统，通过这个系统持续提升客户服务质量、评价员工绩效；扩大客户经理

① 任正非 . 转发《以客户为中心，一家百年老店的基业长青之魂》[EB/OL].（2017-07-26）.http://xinsheng.huawei.com/cn/index.php?app=forum&mod=Detail&act=index&id=3721737&search_result=1.

的权力，拓展客户经理的职责范围，将权力下沉到离客户最近的人；大力投资和发展数字化技术和产品，Sberbank 的客户可以在任何时间、任何地点、通过任何方式获取所需；收集、存储和分析客户的信息及行为数据，利用大数据技术更好地理解和服务客户；与合作伙伴一起构建生态系统，为客户带来更多附加价值。

日本学者后藤俊夫的研究发现，全世界真正的长寿企业数量非常少。截至 2014 年，寿命超过 200 年的长寿企业最多的三个国家是日本、德国和英国，分别有 3 937、1 850 和 467 家，其他国家的长寿企业数量就更少了。长寿企业这么少说明了企业持续经营下去是何等的艰难。有一句话叫“创业难，守业更难”。创业者在短期内创业，成功实现指数级增长其实并不难，难的是能够在各种危机中活下去，实现“永续经营”。

日本的长寿企业有六个特点，可以从时间维度和空间维度进行划分。从时间维度上看，企业长寿的原因包括使命、成长和传承三个要点。使命指的是企业要有立足于长期视野的经营理念，以 10 年为短期、30 年为中期、100 年为长期进行战略规划，避免因危机中的短期行为偏离企业使命。成长指的是企业要重视持续的成长而非快速的成长，重视稳定性而不是高收益，不被短期变化所迷惑，不被眼前危机所吓倒。传承指的是要有让企业传承下去的强烈愿望，建立完善的接班人制度，避免企业因领导人出现意外而陷入危机。

从空间维度上看，企业长寿的原因包括责任、优势和风险三个要点。责任指的是企业要重视与利益相关者的长期关系，认同企业是社会公器的观点，避免因危机中过度强调企业利益而伤害利益相关者的利益。优势指的是企业要持续构建和强化自身优势，实施压强原则，持续构筑防范危机的“护城河”。风险指的是企业要有稳健的财务政策确保具备应对风险的能力，避免在危机中出现现金流断裂的情况。

经过数百年发展，长寿企业往往更换了主业、股东、名称。几百年后的企业还是原来那家企业吗？这个问题，也许只有传承下来的企业文化可以回答。

跑出来的书

日本小说家村上春树写过一本《当我谈跑步时，我谈些什么》。村上春树30岁开始写小说，33岁那年关了自己的小餐馆，成为职业小说家。在同一年，他开始每天跑步，每月300千米，每年参加一次马拉松，一直持续到现在。村上春树1949年出生，被称为“至死都是18岁的小说家兼跑者”。

村上春树总被问道，“跑步的时候你思考什么？”他的回答是：“我压根儿想不起来。在寒冷的日子，我可能思考一下寒冷，在炎热的日子，则思考一下炎热。我跑步，原则上是在空白中跑步，也许是为了获得空白而跑步。”

和村上春树类似，我也每天跑步，每月也是

300 千米。与他不同的是，我跑步时不听音乐，也不是为获得空白而跑。我习惯听小说，包括村上春树的小说，但更多的时候是听科幻小说。读小说对于忙碌的现代都市人来说，越来越成为一种奢侈。不仅是没有时间，更可能是没有心情。

但跑步时不一样，跑步时精神是放松的，肉体是愉悦的，心情是打开的，可以听听小说，也可以想想事情。村上春树说得没错："即便在这样的空白当中，也有片时片刻的思绪潜入。跑步时浮上脑际的思绪，很像天际的云朵。"

村上春树说："我写小说的许多方法，是每天清晨沿着道路跑步时学到的"。他写道："即便练习量有所下降，也不可中断练习两天以上，这是积累奔跑量时的基本规则。倘若一连几天都不给肌肉负荷，它便会自作主张，以后就没有原来那么努力了。"

对于一位职业小说家而言，村上春树认为最重要的素质是集中力和耐力。集中力事关效率，耐力事关时间。产出等于效率乘以时间，跑量等于跑速乘以时间。不是每个人都有过人的天赋，连村上春树都自认没有才华，只有靠"苦撑"才能完成写小说的"体力活"。

战略的核心是"舍得"，没有舍就没有得。我们可以先想一想，跑步之于写作，舍了什么？没有了键盘，没有了屏幕，没有了桌椅，没有了纸笔，好像什么都没有了。不对，还剩下写作最重要的东西：脑子。人一般都会去熟悉的地方跑步，不必担心路况和迷路问题，这样思想就可以集中起来，思路就可以清晰起来。

只有思想和思路，没有输出怎么办？没有了因打字而僵硬的手指，没有了因选重码而看花了的眼睛，没有了因久坐而酸痛的腰身，还有什么输出方式？对，是嘴巴。人的打字效率最多每分钟百余字，这还是专业打字员的速度，一般人几十字就了不起了。但每个人每分钟都能说两三百字，和打字相比，速度轻松提高 10 倍。关键是，速度决定思路，速度慢则思路断，速度快则文思来。

跑步的人都有很多装备，但跑步带录音笔的不多。我经常把一个可转写的录音笔别在领口，边跑边说，10 千米下来，能有几千字，回去简单整理一下，一篇小文章就有了。当然，这里面有几个诀窍。

第一，要有思路。可以在跑步前先把思路理清楚，画成图，存在手机里。开跑前看几眼，做准备活动时酝酿一下，搞清楚思路的几个基本要点，剩下的事情就是边跑边说。

第二，不要跑快。有一个大致的公式，180 减去年龄等于合适的心率。这个心率既是减脂的最佳心率，也是一个人能边跑边聊天的心率。如果有人一起跑当然可以聊天，如果一个人跑就可以写点儿东西。

我猜想，不是所有主题都适合跑步时写。编代码肯定不行，严密的数学推导也不行，但数学等问题的解题方向是可以的。我觉得，跑步特别适合写一些偏思想性的主题，战略就是其中之一。

在这本书里，我用“见终局、揽全局、知时局、应变局”来描述战略过程。这句话也可以用来描述跑步的过程。跑步肯定有个终点，跑者一定得事先知道自己跑到终点大概是什么状态，这是见终局。跑步是一种体验，如果对周围环境有个大致了解，感觉会好很多，跑者会感觉自己像一只飞翔的小鸟，而不是在地上蠕动的虫子，这是揽全局。

每个人的情况不同，每次跑步的状态不同，要按照自己的状态来跑，不能为指标而跑，根据自己的特点制定跑步的策略，这是知时局。跑步过程中多少会有一些变化，比如下雨、高温、大风等情况，要及时调整，这是应变局。

读到这里想必你已有了一个猜想。没错，这本书是跑着写出来的，更准确地说，主要思路和框架是跑步的时候说出来的。科幻小说家特德·姜在《你一生的故事》里描述的外星人七肢桶的表达方式是这样的：先想好要说的话或要写的文字，然后一次性地倒出来。他们的声音像一阵阵“嗡嗡”声，他们的文字像一幅幅画，反正都是一堆就对了。边跑步边写作的感觉差不多是这样，想好思路，开跑，然后，一股脑儿倒出来。

未来，属于终身学习者

我们正在亲历前所未有的变革——互联网改变了信息传递的方式，指数级技术快速发展并颠覆商业世界，人工智能正在侵占越来越多的人类领地。

面对这些变化，我们需要问自己：未来需要什么样的人才？

答案是，成为终身学习者。终身学习意味着永不停歇地追求全面的知识结构、强大的逻辑思考能力和敏锐的感知力。这是一种能够在不断变化中随时重建、更新认知体系的能力。阅读，无疑是帮助我们提高这种能力的最佳途径。

在充满不确定性的时代，答案并不总是简单地出现在书本之中。“读万卷书”不仅要亲自阅读、广泛阅读，也需要我们深入探索好书的内部世界，让知识不再局限于书本之中。

湛庐阅读 App：与最聪明的人共同进化

我们现在推出全新的湛庐阅读 App，它将成为您在书本之外，践行终身学习的场所。

- 不用考虑“读什么”。这里汇集了湛庐所有纸质书、电子书、有声书和各种阅读服务。
- 可以学习“怎么读”。我们提供包括课程、精读班和讲书在内的全方位阅读解决方案。
- 谁来领读？您能最先了解到作者、译者、专家等大咖的前沿洞见，他们是高质量思想的源泉。
- 与谁共读？您将加入优秀的读者和终身学习者的行列，他们对阅读和学习具有持久的热情和源源不断的动力。

在湛庐阅读 App 首页，编辑为您精选了经典书目和优质音视频内容，每天早、中、晚更新，满足您不间断的阅读需求。

【特别专题】【主题书单】【人物特写】等原创专栏，提供专业、深度的解读和选书参考，回应社会议题，是您了解湛庐近千位重要作者思想的独家渠道。

在每本图书的详情页，您将通过深度导读栏目【专家视点】【深度访谈】和【书评】读懂、读透一本好书。

通过这个不设限的学习平台，您在任何时间、任何地点都能获得有价值的思想，并通过阅读实现终身学习。我们邀您共建一个与最聪明的人共同进化的社区，使其成为先进思想交汇的聚集地，这正是我们的使命和价值所在。

CHEERS

湛庐阅读 App
使用指南

读什么
- 纸质书
- 电子书
- 有声书

与谁共读
- 主题书单
- 特别专题
- 人物特写
- 日更专栏
- 编辑推荐

怎么读
- 课程
- 精读班
- 讲书
- 测一测
- 参考文献
- 图片资料

谁来领读
- 专家视点
- 深度访谈
- 书评
- 精彩视频

HERE COMES EVERYBODY

下载湛庐阅读 App
一站获取阅读服务

图书在版编目（CIP）数据

科幻中的战略思维 / 路江涌著. -- 北京 : 中国财政经济出版社，2024.5
ISBN 978-7-5223-2975-8

Ⅰ. ①科…　Ⅱ. ①路…　Ⅲ. ①企业战略－战略管理　Ⅳ. ① F272.1

中国国家版本馆 CIP 数据核字（2024）第 059289 号

责任编辑：潘　飞　　　　责任校对：张　凡
封面设计：湛庐文化　　　责任印制：张　健

科幻中的战略思维
KEHUAN ZHONG DE ZHANLÜE SIWEI

中国财政经济出版社 出版
URL：http://www.cfeph.cn
E-mail:cfeph@cfemg.cn

社址：北京市海淀区阜成路甲 28 号　　邮政编码：100142
营销中心电话：010-88191522
天猫网店：中国财政经济出版社旗舰店
网址：https://zgczjjcbs.tmall.com
唐山富达印务有限公司印装　　各地新华书店经销
成品尺寸：170mm×230mm　　16 开　　17.25 印张　　237 000 字
2024 年 5 月第 1 版　　2024 年 5 月河北第 1 次印刷
定价：89.90 元
ISBN 978-7-5223-2975-8
（图书出现印装问题，本社负责调换，电话：010-88190548）
本社图书质量投诉电话：010-88190744
打击盗版举报热线：010-88191661　　QQ：2242791300